Michael Debus
Anthroposophie und religiöse Erneuerung

MICHAEL DEBUS

Anthroposophie und religiöse Erneuerung

Die geistigen Wurzeln der Christengemeinschaft

VERLAG FREIES GEISTESLEBEN

ISBN 978-3-7725-3129-3

1. Auflage 2021

Verlag Freies Geistesleben
Landhausstraße 82, 70190 Stuttgart
www.geistesleben.com

Inhalt

Vorwort

Schon längere Zeit gibt es im anthroposophischen Umfeld Anlass zu einem 100-Jahre-Gedenken, in den letzten drei Jahren in zunehmender zeitlicher Verdichtung. Da erhebt sich dann immer wieder die Frage: Warum gibt es seit hundert Jahren diesen aus der Anthroposophie geborenen kulturellen Impuls, diese besondere anthroposophische Institution? Am Anfang stehen immer konkrete Menschen, die späteren «Gründer» einer Einrichtung, die aus dem wachen Erleben der Zeitverhältnisse bestimmte Fragen an Rudolf Steiner richteten. So entstanden dann mit seiner Hilfe die entsprechenden anthroposophischen Einrichtungen und Institutionen.

Wie klingen die damals gestellten Fragen nach hundert Jahren? Würde die damals gegründete Institution auch heute noch gegründet werden aus der Not der Zeit heraus? Oder besteht die damals gegründete Einrichtung heute nur deshalb noch, weil sie eben einmal vor hundert Jahren ins Leben gerufen worden ist? Dann muss man ihr vielleicht, wenn sie weiterhin berechtigt sein soll, einen der Zeit angepassten, womöglich ganz neuen Sinn geben? Das sind Fragen, die bei einer 100-Jahre-Gedenkfeier auf eine Antwort warten.

Vor hundert Jahren wurde die Christengemeinschaft begründet. Auch da stand am Anfang die Frage an Rudolf Steiner, gestellt am 8. Februar 1920 von dem 21-jährigen

Marburger Philosophie-Studenten Johannes Werner Klein. Die Motive, die er für seine Frage nannte, würden heute wohl kaum Jemanden interessieren. Wie konnte diese Frage der konkrete Ausgangspunkt für das Entstehen der Christengemeinschaft sein? Weitere Fragen noch von anderen Menschen – viele waren Studenten der Theologie – wurden gestellt. Rudolf Steiner hat wenige Jahre später deren Motive zusammenfassend charakterisiert: «Diese Bewegung für christliche Erneuerung hat ihren Ursprung bei Persönlichkeiten genommen, die einen neuen religiösen Weg suchten. Sie empfanden den Drang, in einem lebendigen Ergreifen des übersinnlichen Gehaltes des Christentums die Verbindung der Menschenseele mit ihrer ewigen Wesenswelt zu finden. Sie glaubten fest daran, dass es ein solches lebendiges Ergreifen geben müsse. Aber sie empfanden, dass die Wege, die sich ihnen gegenwärtig für die Erlangung des Priesteramtes öffnen, sie zu diesem Ergreifen *nicht* führen können. So kamen denn diese Zöglinge eines ehrlich und geistgemäß gemeinten Priestertums vertrauensvoll zu mir. Sie hatten Anthroposophie kennen gelernt. Sie waren überzeugt, dass ihnen Anthroposophie vermitteln könne, was sie suchten. Aber sie suchten nicht den anthroposophischen Weg, sie suchten einen spezifisch religiösen.»[1]

So beschreibt Rudolf Steiner die «Gründer» der Christengemeinschaft und die tieferen, vielen von ihnen wohl gar nicht vollbewussten Gründe ihres Handelns. Das schrieb er für die anthroposophische Öffentlichkeit. Zwei Wochen vorher sprach er im Kreis der in Dornach versammelten Priester der Christengemeinschaft auch über die Gründung und ihre Gründer: «Die Christengemeinschaft ist auf geistigem Boden von geistigen Wesenheiten gestiftet in Wirklichkeit.»[2] Da wird eine andere Dimension der Gründung ahnbar, die zur religiösen Erneuerung im 20. Jahrhundert geführt hat.

Vor diesem Hintergrund mag das in dieser Schrift nun Folgende als ein Versuch verstanden werden, nach hundert Jahren – über die Gründer und ihre Motive hinaus – die Frage zu stellen nach den tieferen geistigen Wurzeln der Christengemeinschaft.

*

An dieser Stelle möchte ich meinen herzlichen Dank aussprechen allen, die das Entstehen dieser Arbeit mit Interesse und oftmals auch wertvollen Hinweisen begleitet haben. Mein besonderer Dank geht an das «Haus Freudenberg» für den äußeren und inneren «Raum», der die Niederschrift des Manuskriptes im dafür angesetzten Zeitrahmen möglich machte.

Stuttgart im Juli 2021   *Michael Debus*

I.

Religion in der Biografie Rudolf Steiners

Rudolf Steiner um 1911

1. Wirklichkeit und Erkenntnis

Anthroposophie ist «eine freie Tat des Menschengeistes ...,
während das religiöse Leben beruhen muss auf dem Verkehr
mit der Gottheit, mit der man sich verbunden weiß, und von
der man sich auch im religiösen Leben abhängig weiß.»[3] So
formuliert es Rudolf Steiner in einem Vortrag vor Theologen.
Die Frage, ob es zwischen Anthroposophie und religiösem
Leben im Sinne dieser Formulierung eine Beziehung geben
kann und wie sie gegebenenfalls zu beschreiben wäre, lässt
sich auf verschiedenen Wegen verfolgen. Im Blick auf den
Begründer der Anthroposophie wollen wir den biografischen
Weg gehen und der Frage folgen, in welcher Weise bei Rudolf
Steiner im Gang seines Lebens Religion zur Erscheinung
gekommen ist.

Ein gewisser Grundzug seiner religiösen Biografie zeigt
sich schon im Grundschulalter, wie er das in seiner Autobio-
grafie beschreibt: «Wir Schulknaben hatten den Ministran-
ten- und Chordienst zu verrichten bei Messen, Totenfeiern
und Leichenbegängnissen. Das Feierliche der lateinischen
Sprache und des Kultus war ein Element, in dem meine Kna-
benseele gerne lebte. Ich war dadurch, dass ich an diesem Kir-
chendienste bis zu meinem zehnten Jahre intensiv teilnahm,
oft in der Umgebung des von mir so geschätzten Pfarrers.
In meinem Elternhause fand ich in dieser meiner Beziehung

zur Kirche keine Anregung. Mein Vater nahm daran keinen Anteil. Er war damals ‹Freigeist›. Er ging nie in die Kirche, mit der ich so verwachsen war».[4] Für Rudolf Steiner gab es auf diese Weise in seiner Kindheit zwei ganz verschiedene Orientierungen: in der Kirche den geschätzten Pater – und zuhause den strengen und geachteten Vater. Ab dem 10. Lebensjahr bildeten die von Zuhause ausgehenden Impulse zunächst einmal den Rahmen seiner weiteren Biografie. Dabei orientierte er sich aber nicht an einer bestimmten Weltsicht («freigeistig» oder «gläubig»), sondern von vorneherein beschäftigte ihn die Grundfrage der modernen Wissenschaft, die bis heute unbeantwortet geblieben ist und sogar als unbeantwortbar gilt: Was ist *Wirklichkeit?* Hier herrscht die Auffassung: Es gibt eine objektive Wirklichkeit, die unabhängig vom Menschen eine Existenz «an sich» hat. Was aber von dieser Wirklichkeit, dem «Ding an sich» im Sinne von Immanuel Kant, dem einzelnen Menschen bewusst und verstehbar werden kann, hat nur scheinbar und für ihn selbst einen objektiven Charakter. Ein zweifelsfreies Urteil über die objektive Wirklichkeit «an sich» ist dem menschlichen Bewusstsein nicht möglich. Was wir von der Welt zu wissen vermeinen, ist eben nur das, was wir uns subjektiv vorstellen können. «Die Welt ist meine Vorstellung»[5] – das «Unvorstellbare» bleibt für uns unwirklich.

Im Oktober 1879 beginnt Rudolf Steiner das Studium an der Technischen Hochschule in Wien.

Seine Studienfächer waren zunächst: Mathematik, Physik, Botanik, Zoologie, Chemie. Eine entscheidende Rolle spielte für ihn aber neben den naturwissenschaftlichen Fächern die Beschäftigung mit der Geistesgeschichte, Literatur und insbesondere mit Goethe, vermittelt durch einen ihn schicksalhaft anregenden Lehrer: «Von besonderer Bedeutung aber wurden für mich die Vorlesungen, die Karl Julius Schröer[6] damals über die deutsche Literatur an der technischen Hochschule hielt. Er las im ersten Jahre meines Hochschulstudiums über ‹Deutsche Literatur seit Goethe› und über ‹Schillers Leben und Werke›. Schon von seiner ersten Vorlesung an war ich gefesselt. Er entwickelte einen Überblick über das deutsche Geistesleben in der zweiten Hälfte des achtzehnten Jahrhunderts und setzte da in dramatischer Art auseinander, wie Goethes erstes Auftreten in dieses Geistesleben einschlug.»[7]

Steiner war nicht unvorbereitet. Die mit der Thematik der Vorlesung in Zusammenhang stehende Frage nach der Wirklichkeits-Erkenntnis hatte ihn ja schon seine ganze Schulzeit über beschäftigt und insbesondere in den Übergangsmonaten zwischen Schule und Hochschule ging er noch einmal in großer Intensität dieser Frage nach. Wie können sich «Ich» und «Welt» im Erkenntnisvorgang als Wirklichkeit durchdringen? Bleibt es dabei: «Die Welt ist meine Vorstellung» – also nur eine subjektive Scheinwirklichkeit? Er war zu dieser Zeit noch nicht am Ziel dieser fundamentalen Frage angekommen, die er später sogar «die Kardinalfrage der menschlichen Weltanschauung»[8] nannte. Die Frage bewegte ihn weiter. Im Rückblick schreibt er: «Geist und Natur standen damals in ihrem vollen Gegensatz vor meiner Seele. Eine Welt der geistigen Wesen gab es für mich. Dass das ‹Ich›, das selbst Geist ist, in einer Welt von Geistern lebt, war für mich unmittelbare Anschauung. Die Natur wollte aber in die erlebte Geisteswelt nicht herein.»[9]

Drei Jahre später, im Verlauf seines sechsten Studiensemesters, kommt der Durchbruch. Er ist jetzt 21 Jahre alt und schreibt einen kleinen Aufsatz, in dem der gewonnene Zugang zu Wirklichkeits-Erkenntnis sich schon deutlich zeigt: Die Wirklichkeit ist nicht eine Tatsache «an sich», *außerhalb* und *unabhängig* vom Menschen, sondern der bewusste Mensch ist selbst Teil der Wirklichkeit, die erst durch sein Erkennen in «Begriffen und Ideen» vollständig wird: «Erst, wenn man einsieht, dass es Begriff und Idee ist, was die Wahrnehmung bietet, ... begreift man, dass man den Weg der Erfahrung [Wahrnehmung] einschlagen muss.»[10] Am 20. Juni 1882 schickt er diesen Aufsatz mit dem Titel «Einzig mögliche Kritik der atomistischen Begriffe» nach Stuttgart an Friedrich Theodor Vischer[11], den von ihm hoch geschätzten Philosophen und Ästhetiker. In seinem Begleitbrief verdeutlicht er sein Anliegen: «Ich habe einstmals mich ganz in die mechanisch-materialistische Naturauffassung hineingelebt, hätte auf ihre Wahrheit ebenso geschworen, wie es viele andere der Jetztzeit machen; aber ich habe auch die Widersprüche, die sich aus derselben ergeben, *selbst durchlebt.* Was ich vorbringe, ist daher nicht bloße Dialektik, sondern eigene innere Erfahrung. Weil ich weiß, wie ich damals dachte, kann ich diese Weltanschauung auch in ihrem tiefsten Wesen erkennen, sehe ihre Mängel vielleicht leichter als andere, die einen anderen Bildungsgang durchgemacht [haben]. Meine Berufsstudien sind ja Mathematik und Naturwissenschaft.»[12]

Damit war der Anfang einer die Wirklichkeit erfassenden Erkenntnis-Wissenschaft gegeben, die Rudolf Steiner dann Schritt für Schritt ausgearbeitet und später «Geisteswissenschaft» genannt hat. Ab 1912 trägt dieser Weg der Geist-Erkenntnis dann den Namen «Anthroposophie». Und zuletzt formuliert Rudolf Steiner 1924 als den ersten der «Anthropo-

sophischen Leitsätze»: «Anthroposophie ist ein Erkenntnisweg, der das Geistige im Menschenwesen zum Geistigen im
Weltenall führen möchte.»[13] Der *Bogen der Wirklichkeit* von
«Begriff und Idee» zur «Wahrnehmung», wovon in dem Aufsatz des 21-Jährigen die Rede ist, und der *Erkenntnisweg*, der,
wie es zuletzt 1924 heißt, das «Geistige im Menschenwesen»
zum «Geistigen im Weltenall» führen möchte – sie sind Eines:
das gleiche Thema. Und dann ist der zeitliche Bogen von 1882
bis 1924 zugleich auch der biografische Bogen Rudolf Steiners,
auf dem das Wesen der Anthroposophie als «Erkenntnisweg»
schließlich ganz zur Erscheinung gekommen ist.

2. Rudolf Steiner und Goethe – 1882-1897

Mit seinem Brief vom 20. Juni 1882 an Friedrich Theodor Vischer hat Rudolf Steiner ein Signal gesetzt für den Durchbruch auf seinem Weg der Erkenntnis. Er war im 6. Semester und ein wichtigstes Ziel seiner Studien war erreicht. Nun sollten die Examina kommen. Wie würde er sein Studium innerlich weiterführen? Nicht lange nach dem 20. Juni schreibt er in einem Brief an Albert Löger, seinem früheren Oberstufen-Lehrer für Geschichte und inzwischen nahestehenden Freund: «Nun werde ich hoffentlich auch dies letzte Jahr der Fadheiten an der mir unlieben techn. Hochschule hinter mir haben. Dann kommt erst jene jämmerliche Prüfung über die massenweise in den Bibliotheken aufgetürmte mathematische Weisheit. Wenn ich daran denke, an die verstand- und geistlose Zitatenarbeit, die da für mich kommen soll – ich meine die schriftliche –, da graut's mir. Doch ich muss es tun, will es tun, tue es. – Es hat übrigens auch sein Gutes, dass ich Naturlehre studiert habe, denn ich habe dadurch das *Kartengebäude,* welches unter diesem Namen die moderne Zeit aufgebaut hat, [kennen gelernt].»[14] Es graut ihm vor dem, was jetzt kommen soll, doch er «muss es tun, will es tun».

Da zeigt sich nun eine eigentümliche Schicksalsgeste: während er im Kontakt von Wien nach Stuttgart durch seinem Brief an F. Th. Vischer die für ihn wichtigste Frage nach der

Wirklichkeits-Erkenntnis bewegt, gibt es zur gleichen Zeit, ohne dass er davon etwas ahnt, einen weiteren, man möchte sagen *umgekehrten* Kontakt von Stuttgart aus nach Wien, der für den weiteren Gang seiner Biografie von allergrößter Bedeutung werden sollte: Joseph Kürschner[15], der Stuttgarter Herausgeber des Großprojekts «Deutsche Nationalliteratur», wendet sich am 18. April 1882 an Karl Julius Schröer mit der Anfrage, ob er die Herausgabe von Goethes Dramen innerhalb der Deutschen Nationalliteratur übernehmen wolle. Schröer sagt zu.

Dann aber wird die Anfrage ausgeweitet auf die naturwissenschaftlichen Schriften Goethes. Dazu schreibt Schröer am 13. Mai 1882 an Kürschner: «Was die Farbenlehre anlangt, habe ich meine eignen Gedanken. Hier könnte Großes geschehen! Unsere Physiker werden erzogen dazu, sie nicht zu verstehen, alle ihre Instrumente sind danach eingerichtet, und Goethe hatte doch recht! Wenn sich da ein Kundiger fände! ... Alles hängt davon ab, dass ein philosophisch gebildeter Geist ersteht, der die Forschungen der Physik zu überschauen vermöchte.» Kürschner fragt weiter: «Die novellistischen und wissenschaftlichen Arbeiten harren *noch* ihres Bearbeiters. Wissen Sie betr. der letzten namentlich den philosophischen Kopf noch zu finden, der uns nottut, so bin ich Ihnen für Mitteilung des Fundes wahrlich dankbar.» Zwei Wochen, bevor Steiner seinen Brief an Vischer schickt, schreibt Schröer am 4. Juni 1882 an Kürschner: «Ein Student in höheren Semestern, der Physik, Mathematik und Philosophie betreibt, bei mir aber auch seit Jahren Vorlesungen hört, befasst sich eingehend mit Goethes naturwissenschaftlichen Schriften.» Darauf folgt am 21. Juni Kürschners zustimmende

Antwort: «Ihr Student in höheren Semestern scheint auch mir der rechte Mann ... Ich wäre Ihnen dankbar, wenn Sie ihn noch mehr prüfen und mir Gewissheit geben könnten, ob er im Stande wäre, die schwierige Arbeit zu übernehmen.» Man kann sich nun einmal vor Augen führen: am 20.6.1882 schreibt Rudolf Steiner nach Stuttgart an Vischer und schildert, wo er jetzt mit der Frage nach der Wirklichkeits-Erkenntnis angekommen ist. Wie sich später erweisen wird, ist das genau die Erkenntnisart Goethes, ohne die man ihn nicht verstehen kann. Ein Tag später, am 21. Juni, geht ein Brief von Stuttgart nach Wien, die Antwort von Kürschner an Schröer in Bezug auf Steiner und seine eventuelle Beauftragung, Goethes naturwissenschaftliche Schriften kommentiert herauszugeben: «Ihr Student in höheren Semestern scheint auch mir der rechte Mann.» Dann vergehen noch einmal volle drei Monate, ohne dass Steiner irgendetwas weiß von dieser Schicksals-Korrespondenz. Am 18. September 1882 schreibt Schröer an Kürschner: «Herrn Steiner habe ich noch nicht gesehen, habe ihm aber geschrieben. Ich adressierte an seinen Vater, weil ich nicht weiß, wo er ist.» Steiner lebt weiter in der Stimmung, in der er an Löger geschrieben hatte; «Wenn ich daran denke, an die verstand- und geistlose Zitatenarbeit, die da für mich kommen soll – ich meine die schriftliche –, da graut's mir.» Doch dann, zehn Tage später, ist es soweit. Kürschners Anfrage hat Steiner erreicht und am 28. September antwortet dieser: «... Ich erkläre mich mit allen von Euer Hochwohlgeboren an Prof. Schröer mitgeteilten Bedingungen, von denen er mich verständigt hat, einverstanden ...» [16]

Nun wird alles anders. Auf seinem ganz eigenen Erkenntnisweg hat ihn das Schicksal zu Goethe geführt. Und schon ein gutes Jahr später kann er das Manuskript für den ersten von vier geplanten Kommentar-Bänden «Goethes naturwissenschaftliche Schriften» abliefern. An Löger hatte er noch geschrieben: «Dann kommt erst jene jämmerliche Prüfung ...» Sie kommt nicht. Er, der fast immer in den Zwischenprüfungen hervorragende Ergebnisse hatte (vorzüglich, sehr gut, gut), legt im Studienjahr 1882/1883 keine einzige Prüfung mehr ab und tritt am 18. Oktober 1883 aus der Technischen Hochschule Wien aus – ohne sein Studium ordnungsgemäß mit Examen abgeschlossen zu haben. So zeigte sich die Konsequenz seiner Goethe-Arbeit. Im Rückblick nach vierzig Jahren nennt er dann noch eine weitere und ganz andere Konsequenz spiritueller Art, die mit dieser Arbeit verbunden und für seine innere Entwicklung von großer Bedeutung war: «Meine Darstellung von Goethes Ideen war ein Jahre lang dauerndes Ringen, Goethe durch die Hilfe der eigenen Gedanken immer besser zu verstehen. Indem ich auf dieses Ringen zurückblicke, muss ich mir sagen: ich verdanke ihm viel für die Entwickelung meiner geistigen Erkenntnis-Erlebnisse. Diese Entwickelung ging dadurch viel langsamer vor sich, als es der Fall gewesen wäre, wenn sich die Goethe-Aufgabe nicht schicksalsgemäß auf meinen Lebensgang hingestellt hätte. Ich hätte dann meine geistigen Erlebnisse verfolgt und sie ebenso dargestellt, wie sie vor mich hingetreten wären. Ich wäre schneller in die geistige Welt hineingerissen worden; ich hätte aber keine Veranlassung gefunden, ringend unterzutauchen in das eigene Innere.»[17]

Die Zeit, in der er sich intensiv mit Goethe befasst, hat einen erkennbaren biografischen und zeitlichen Rahmen: Am 28. September 1882 bestätigt er Kürschner seine Beauftragung zum Herausgeber von Goethes naturwissenschaftlichen Schriften. Von den geplanten vier Bänden erschien der erste schon 1884, der letzte 1897. Eine Folge dieser Arbeit war 1886 Rudolf Steiners erste Buchveröffentlichung: *Grundlinien einer Erkenntnistheorie der Goetheschen Weltanschauung*. In der *Vorrede zur Neuauflage 1923* kommentiert Rudolf Steiner im Rückblick nach fast 40 Jahren seine Motive beim Verfassen dieses Buches: «Nun aber wurde mir an meinen Goethe-Studien klar, wie meine Gedanken zu einem Anschauen vom Wesen der Erkenntnis führen, das in Goethes Schaffen und seiner Stellung zur Welt überall hervortritt. Ich fand, dass meine Gesichtspunkte mir eine Erkenntnistheorie ergaben, die die der Goetheschen Weltanschauung ist.»[18]

Dann folgt der nächste Schritt: Aus Weimar kommt eine Anfrage zur Mitarbeit an der Weimarer Ausgabe («Sophienausgabe») von Goethes Werken. Er sagt zu und übersiedelt 1890 von Wien nach Weimar, nachdem Anfang des Jahres wenigstens noch der III. Band seiner Arbeit für Kürschner erscheinen konnte. Nun wird er Mitarbeiter am Goethe- und Schiller-Archiv bei der Herausgabe der naturwissenschaftlichen Schriften Goethes. Sie erscheinen zwischen 1891 und 1896, womit diese Herausgeber-Beauftragung für ihn erfüllt ist. Zuletzt kann er 1897 von Weimar aus auch noch bei Kürschner in Stuttgart mit dem Erscheinen des IV. Bandes seine dortige Herausgeber-Tätigkeit abschließen.

In Weimar verbringt er die zweiten sieben Jahre intensiv tätiger Beschäftigung mit Goethe. Als die ursprüngliche Aufgabe, die ihn nach Weimar geführt hatte, abgeschlossen ist, fasst er noch einmal zusammen, was die Substanz seiner Arbeit mit Goethe in diesen Jahren ausmacht: «In meiner letzten Weimarer Zeit [stellte sich] Goethe wieder beherrschend vor meine Betrachtung. Ich wollte den Weg kennzeichnen, den das Weltanschauungsleben der Menschheit bis zu Goethe genommen hat, um dann Goethes Anschauungsart in ihrem Hervorgehen aus diesem Leben darzustellen. Ich habe das versucht in dem Buche *Goethes Weltanschauung*, das 1897 erschienen ist. Ich wollte da zur Anschauung bringen, wie Goethe an der reinen Naturerkenntnis überall, wo er hinblickt, den Geist aufblitzend erblickt; aber ich habe die Art, wie Goethe sich zum Geist als solchem stellte, ganz unberührt gelassen. Ich wollte den Teil von Goethes Weltanschauung charakterisieren, der in einer ‹geistgemäßen› Naturanschauung lebt.»[19] Mit diesem Buch schloss Rudolf Steiner seine Weimarische Tätigkeit ab. Am 28. April 1897 wird das Manuskript dieses Buches fertiggestellt und zum Druck gegeben.

3. Goetheanismus I

Man kann in diesen zwei etwa gleich langen Epochen der biografischen Goethe-Zeit Rudolf Steiners in Wien und Weimar einen Weg erkennen, auf dem zugleich zwei unterschiedliche Perspektiven eines *Goetheanismus* erkennbar werden. Zur ersten Epoche in Wien gehört 1886 die Buchveröffentlichung «Grundlinien einer Erkenntnistheorie der Goetheschen Weltanschauung». Sie erscheint wie eine Zusammenfassung jenes Goetheanismus, von dem Rudolf Steiner geleitet wird in seiner Tätigkeit für Kürschner als Herausgeber von Goethes naturwissenschaftlichen Schriften. Die entscheidenden Sätze – noch ohne irgendeinen Bezug zu Goethe – finden sich schon früher in dem Aufsatz, den er im Juni 1882 an Friedrich Theodor Vischer sandte: «Man muss dem Begriffe seine Ursprünglichkeit, seine eigene auf sich selbst gebaute Daseinsform lassen und ihn in dem sinnenfälligen Gegenstande nur in anderer Form wiedererkennen. So sind wir zu einer Realdefinition der Erfahrung gelangt.»[20] Es geht bei diesem Aufsatz, wie oben schon dargestellt, um die Frage nach der Wirklichkeit und der Möglichkeit, sie zu erkennen. Erkennen ist danach ein «Wiedererkennen» des Begriffs in sinnlicher Form.

Zwei Jahre später erscheint 1884 in der Kürschner-Gesamtausgabe der erste der vier von Rudolf Steiner herausgegebenen

Bände von Goethes naturwissenschaftlichen Schriften. Dort wird ein Gespräch zitiert, das zwischen Goethe und Schiller im Sommer 1794 geführt wurde und die von Goethe entdeckte, allem Pflanzensein zugrunde liegende «Urpflanze» zum Inhalt hatte. Als Schiller meinte: «Das ist keine Erfahrung, das ist eine Idee», entgegnete Goethe: «Das kann mir sehr lieb sein, wenn ich Ideen habe, ohne es zu wissen, und sie sogar mit Augen sehe.»[21]

Drei Jahre später erscheint 1887 der zweite Band, in dem sich wie eine Fortsetzung dieses Goethe-Zitats aus dem ersten Band nun der Satz des Herausgebers Rudolf Steiner findet: «Das Gewahrwerden der Idee in der Wirklichkeit ist die wahre Kommunion des Menschen.»[22]

Das *Erkennen der Wirklichkeit* ist in diesem Sinne nach Goethe und nach Steiner: *Gewahrwerden der Idee in der Wirklichkeit.*

Damit ist die Grundlage einer ganz neuen Naturwissenschaft gegeben. Ansonsten gilt, wie schon erwähnt, der wissenschaftliche Grundsatz: *Ein zweifelsfreies Urteil über die objektive Wirklichkeit «an sich» ist dem menschlichen Bewusstsein nicht möglich. Was wir von der Welt zu wissen vermeinen, ist eben nur das, was wir uns subjektiv vorstellen können. «Die Welt ist meine Vorstellung».* Dieser Abgrund zwischen objektiver aber unerkennbarer Wirklichkeit und subjektiver aber unwirklicher Vorstellung ist von Goethe überwunden: Die *geistige* Idee sieht der erkennende Mensch *sinnlich* mit Augen. Rudolf Steiner nennt dann diese erkannte Wirklichkeit als Verbindung des Geistigen mit dem Sinnlichen, der geistigen Idee mit der sinnlichen Wahrnehmung, «die wahre Kommunion des Menschen».

Zwischen dem ersten und zweiten Band erscheint «Grundlinien einer Erkenntnistheorie der Goetheschen Weltanschauung». Da legt Rudolf Steiner Rechenschaft ab über seinen Erkenntnisweg zu Goethe und Goethes Methode des Wirklichkeitsverständnisses. Goethe selbst ging seinen Weg, die Wirklichkeit zu «sehen». Eine bestimmte Methode für diesen Weg hat und hätte er niemals formuliert. Es ist die Leistung Rudolf Steiners, diesen Weg verstehbar und so auch erlernbar gemacht zu haben in Form seiner goetheanistischen «Erkenntnistheorie». Dem Weg zur Wirklichkeit gibt er dort eine Gestalt im Gleichnis: Die Sinneswelt ist ein Spiegel. Was wir sinnlich wahrnehmen ist in Wahrheit ein Spiegelbild dessen, was sich eben in der Sinneswelt spiegelt; das ist die Idee, der Begriff, der Gedanke. Der rein geistige Gedanke enthält in sich unendlich viele verschiedene Möglichkeiten sinnlicher Verwirklichung. Die Sinneswelt als Spiegel gibt der Idee eine bestimmte Form, indem diese zum sinnlichen Spiegelbild wird. Die Wirklichkeit kann wahrgenommen und erfahren werden, wenn die Sinneswahrnehmung nicht nur als *Bild* erlebt wird, sondern als *Spiegelbild* des Geistes. Von Platon stammt in der Antike das fundamentale «Höhlengleichnis» [23], in dem geschildert wird, wie die Menschen in einer Höhle gefangen sind und von der eigentlichen Licht-Wirklichkeit nur Schattenbilder erleben, die dann für sie als «wirklich» gelten. Dieses Höhlengleichnis hat in der antiken Welt eine große Rolle gespielt. Für unsere heutige Zeit kann an die Stelle von Platons Höhlengleichnis nun das in gleicher Weise fundamentale «Spiegel-Gleichnis» Rudolf Steiners treten: «Man ist so gewohnt, die Welt der Begriffe für eine leere, inhaltslose anzusehen, und ihr die Wahrnehmung als das Inhaltsvolle, durch und durch Bestimmte gegenüberzustellen, dass es für den wahren Sachverhalt schwer sein wird, sich die ihm gebührende Stellung zu erringen. Man übersieht vollständig, dass die bloße Anschauung das Leerste ist, was sich nur denken lässt, und dass sie allen Inhalt erst aus dem Denken erhält. Das einzige Wahre an der Sache ist, dass sie den immer flüssigen Gedanken in einer bestimmten Form festhält, ohne dass wir nötig haben, zu diesem Festhalten tätig mitzuwirken. Wenn der eine, der ein reiches Seelenleben hat, tausend Dinge sieht, die für den geistig Armen eine Null sind, so beweist das sonnenklar, dass der Inhalt der Wirklichkeit nur das Spiegelbild des Inhaltes unseres Geistes ist und dass wir von außen nur die leere Form empfangen. Freilich müssen wir die Kraft in uns haben, uns als die Erzeuger dieses Inhaltes zu erkennen, sonst sehen wir ewig nur das Spiegelbild, nie unseren Geist, der sich spiegelt.»[24]

4. Goetheanismus II

Die zweite Epoche in Rudolf Steiners biografischer Goethe-Zeit (1890-1897) ist mit Weimar verbunden und der abschließenden Buchveröffentlichung *Goethes Weltanschauung*. Der Titel ist sehr ähnlich dem Titel des Buches aus der Wiener Epoche. Es geht in beiden Büchern um Goethes Weltanschauung, aber auf sehr verschiedene Weise. Beim Buch aus der Weimarer Epoche geht es nicht mehr um eine «Erkenntnistheorie», wie in der Wiener Epoche. Rudolf Steiner wollte zeigen, wie Goethe durch seine Erkenntnissart vertieft in der Natur «den Geist aufblitzend erblickt».[25] Das war für ihn der derste Anfang einer ganz neuen Naturanschauung, einer «geistgemäßen Naturanschauung» als charakteristisch für die nächste Stufe des Goetheanismus.

«Ideen haben und sie sogar mit Augen sehen» – das ist der Ausgangspunkt des goetheanistischen Weges. Dann kommt die nächste Stufe auf dem Weg vom Erkennen und «mit Augen sehen» zum Erleben, wie der Geist in der Welt der Sinne «aufblitzt». Das ist eine allertiefste Erfahrung: der Geist gehört dann nicht zu einer jenseitigen Welt, die der Sinneswelt getrennt gegenübersteht, sondern muss in der Sinneswelt selbst gefunden werden. Im vierten und letzten Band der Kürschner-Ausgabe in Stuttgart, den Rudolf Steiner am Ende seiner Weimarer Zeit 1897 noch abgeschlossen hat, gibt er eine klare Beschreibung dieses Aspektes des Goetheanismus: «[Das Mittelalter] findet den Quell alles Geistigen, also auch der Begriffe und Ideen in dem unerkennbaren, weil außerweltlichen Gott. Es hat den Glauben an etwas nötig, das nicht von dieser Welt ist. Ein gesundes menschliches Denken hält sich aber an diese Welt. Es kümmert sich um keine andere. Aber es vergeistigt zugleich diese Welt. Es sieht in Begriffen und Ideen Wirklichkeiten dieser Welt ebenso wie in den durch die Sinne wahrnehmbaren Dingen und Ereignissen. Die griechische Philosophie ist ein Ausfluss dieses gesunden Denkens. Die Scholastik nahm noch eine Ahnung dieses gesunden Denkens in sich auf. Aber sie strebte darnach, diese Ahnung im Sinne des als christlich geltenden Jenseitsglaubens umzudeuten. Nicht die Begriffe und Ideen sollten das Tiefste sein, was der Mensch in den Vorgängen dieser Welt erschaut, sondern Gott, sondern das Jenseits. Wer die Idee einer Sache erfasst hat, den zwingt nichts, noch nach einem weiteren ‹Ursprung› der Sache zu suchen.»[26]

Ein neuer Ton klingt hier an: Goetheanismus ist nicht allein die Frage nach einer zielführenden Erkenntnistheorie, wie sie der 21-jährige Rudolf Steiner gegenüber Friedrich Theodor Vischer anfänglich beschrieben hat, sondern er hängt auch mit der Menschheitsentwicklung, dem Weltanschauungsleben der Menschheit zusammen. Im Mittelalter hätte es für den Goetheanismus keinen geistigen Boden gegeben, weil der «Quell alles Geistigen, also auch der Begriffe und Ideen in dem unerkennbaren, weil außerweltlichen Gott» gesucht wurde, verbunden mit einem «als christlich geltenden Jenseitsglauben». Beides musste von Goethe erst überwunden werden durch seine «geistgemäße Naturanschauung», die dann hundert Jahre später von Rudolf Steiner als *Erkenntnistheorie der Goetheschen Weltanschauung* allgemein zugänglich gemacht und als geistiger Weg charakterisiert werden konnte. Ist Goetheanismus in der Ablehnung und Überwindung des «unerkennbaren, weil außerweltlichen Gottes» sowie «des als christlich geltenden Jenseitsglaubens» atheistisch und unchristlich? Sehr deutlich kommt die Diesseits-Orientierung Goethes, die Rudolf Steiner ja ebenfalls auf seine Weise zum Ausdruck bringt, in seiner Faust-Gestalt zur Erscheinung. Beim Pakt mit dem Teufel verspricht Mephisto, Faust während seines Erdenlebens in allem zu dienen, wenn dieser bereit ist, «drüben», im Jenseits, dann umgekehrt Mephisto zu dienen. Für ein mittelalterliches Bewusstsein wäre das im höchsten Maß eine Schreckensvorstellung. Wie aber antwortet der Faust in Goethes Drama?

MEPHISTOPHELES.
> Ich will mich hier zu deinem Dienst verbinden,
> Auf deinen Wink nicht rasten und nicht ruhn;
> Wenn wir uns drüben wieder finden,
> So sollst du mir das gleiche tun.

FAUST.
> Das Drüben kann mich wenig kümmern;
> Schlägst du erst diese Welt zu Trümmern,
> Die andre mag darnach entstehn.
> Aus dieser Erde quillen meine Freuden,
> Und diese Sonne scheinet meinen Leiden;
> Kann ich mich erst von ihnen scheiden,
> Dann mag, was will und kann, geschehn.[27]

Für Faust gibt es kein Jenseits, das «Drüben» ist unwichtig. Alles kommt darauf an, was hier und jetzt im Diesseits geschieht. In diesem Sinne könnte man auf den Gedanken kommen, Faust einen «Goetheanisten» zu nennen. Auch Rudolf Steiner beschreibt Goetheanismus scheinbar ähnlich: «Ein gesundes menschliches Denken hält sich aber an diese Welt. Es kümmert sich um keine andere. Aber es vergeistigt zugleich diese Welt.» Man sieht, es ist nur scheinbar ähnlich: der letzte Satz gibt dieser Aussage einen entscheidend anderen Charakter und macht zugleich deutlich, dass es kein Atheismus ist, der sich hier ausspricht. Die geistig-übersinnliche Welt «jenseits» der sinnlichen, wird nicht wie bei Faust für irrelevant erklärt, das erst könnte man Atheismus nennen.

Der wahre Goetheanismus in seinen zwei Stufen von Erkennen und Handeln ist immer eine Brücke zwischen dem, was durch den Menschen in zwei unvereinbar erscheinende Bereiche getrennt ist: die geistige Welt und die sinnliche Welt, das *Jenseits* und das *Diesseits*. Die Verbindung der beiden Welten entsteht aber nicht dadurch, dass man die Trennung leugnet oder «rückgängig» machen will wie im mittelalterlichen *Glauben*. Im Gegenteil: der Goetheanismus nimmt von der Trennung – beschrieben etwa mit den Worten *Idee* und *Wirklichkeit* – als einer in vollem Umfang anerkannten Tatsache seinen Ausgang, Entsprechend wird die Brückenfunktion des Goetheanismus auf der Erkenntnisstufe ausgedrückt: «Das Gewahrwerden der Idee in der Wirklichkeit ist die wahre Kommunion des Menschen.»[28] Idee (geistige Welt) und Wirklichkeit (sinnliche Welt) begegnen dem Menschen als getrennte Tatsachen. Durch den goetheanistisch erkennenden Menschen (durch sein «Gewahrwerden») kommen sie in Beziehung zueinander. Das Neue, das dadurch entsteht, nennt Rudolf Steiner rein philosophisch «Kommunion».

Auf der zweiten Stufe, der Willensstufe des Handelns, kann die Brückenfunktion des Goetheanismus beschrieben werden wie schon zitiert: «Ein gesundes menschliches Denken hält sich aber an diese Welt. Es kümmert sich um keine andere. Aber es vergeistigt zugleich diese Welt.»[29] Was auf der Erkenntnisstufe *Kommunion* genannt wird, beschreibt Rudolf Steiner auf der Willensstufe als *Vergeistigung der (Sinnes-)Welt.*

Von dieser goetheanistischen Sicht auf die Wirklichkeit ist es nur noch ein kleiner Schritt, um an die Stelle von «goetheanistisch» das Wort «christlich» zu setzen. Der Kern des Christentums ist die Menschwerdung Gottes, die Inkarnation des Christus in dem Jesus, die Versinnlichung des Geistigen.

5. Christentum und Goetheanismus

Die Antwort Goethes an Schiller, der die Urpflanze nur als eine Idee verstehen konnte, ist der Kernsatz des Goetheanismus: «Das kann mir sehr lieb sein, wenn ich Ideen habe, ohne es zu wissen, und sie sogar mit Augen sehe.» Mit Augen sehen kann man das Sinnliche. Das Übersinnliche mit Augen zu sehen erscheint zunächst unmöglich. Da beginnt die Herausforderung des Christentums. In den zwölf Sätzen, die Rudolf Seiner der Christengemeinschaft als «Credo» übergeben hat und die er auch «ein eventuelles anthroposophisches Credo»[30] nannte, findet sich der Satz: «In Jesus trat der Christus als Mensch in die Erdenwelt.» Im Neuen Testament findet sich in dem Brief des Paulus an die Gemeinde in Philippi eine eindrucksvolle Schilderung der durch diesen Satz ausgedrückten Veränderung des Verhältnisses der geistigen zur sinnlichen Welt: «Euch beseele die gleiche Gesinnung, die auch den Christus Jesus selbst beseelt hat. Denn obgleich er göttlicher Natur und Gestalt war, dachte er nicht daran, die Gottgestalt für sich festzuhalten. Vielmehr machte er sich leer und opferte sich ganz hin und nahm die Gestalt eines dienenden Wesens an. In menschlicher Gestalt verkörperte er sich, und als ein Mensch zeigte er sich in seinem ganzen Leben. In demütiger Selbstentäußerung beugte er sich unter das irdische Seinsgesetz, indem er schließlich auch den Tod auf sich nahm, den Tod am Kreuz.»[31]

Da stellt sich nun die Frage, ob und wie der Mensch die Inkarnation Christi als Mysterium der Versinnlichung des Geistes wahrnehmen und erleben kann als «Gewahrwerden der Idee in der Wirklichkeit». In der Sprache des Neuen Testamentes ist das die Frage, die Christus seinen Jüngern stellt:

«Wer sagen die Menschen, dass ich, Sohn des Menschen, sei? Sie aber sagten: Etliche: Johannes der Täufer; andere aber: Elias; und andere wieder: Jeremias oder einer der Propheten. Er spricht zu ihnen: Ihr aber, wer saget ihr, dass ich sei? Simon Petrus aber antwortete und sprach: Du bist der Christus, der Sohn des lebendigen Gottes ... Und Jesus antwortete und sprach zu ihm: Geben werde ich dir die Schlüssel des Königtums der Himmel, und was immer du bindest auf der Erde, wird gebunden sein in den Himmeln, und was immer du löst auf der Erde, wird gelöst sein in den Himmeln.»[32]

Es ist deutlich: Petrus erlebt das Mysterium der Versinnlichung des Geistes, das «Gewahrwerden der Idee in der Wirklichkeit», er erkennt in Jesus den Christus. Den ersten Schritt im «Goetheanismus» hat er getan, eine neue Welt hat sich ihm erschlossen, er erlebt die *Versinnlichung des Geistes.* So kann er nun von Jesus im weiteren Sinne des «Goetheanismus» auf die zweite Stufe gewiesen werden: «Geben werde ich dir die Schlüssel des Königtums der Himmel, und was immer du bindest auf der Erde, wird gebunden sein in den Himmeln, und was immer du löst auf der Erde, wird gelöst sein in den Himmeln.» Der *Schlüssel,* den Petrus bekommt, bewirkt, dass seine Taten auf Erden ihre Wirklichkeit «in den Himmeln» haben werden. Das *Arbeiten in der Sinneswelt* soll eine *Wirklichkeit im Geistigen* werden. Diese Arbeit geht vom Menschen aus, von der Erde zum Himmel, von der sinnlichen

Welt in die geistige Welt. Der erste Schritt ist die *Versinn-lichung des Geistes.* In der Sprache des Neuen Testamentes heißt das: «Gott wird Mensch», in der Sprache des Goethe-anismus: «Gewahrwerden der Idee in der Wirklichkeit».

Der zweite Schritt heißt in der Sprache des Neuen Testamentes: «Was immer du bindest auf der Erde, wird gebunden sein in den Himmeln, und was immer du löst auf der Erde, wird gelöst sein in den Himmeln.» In der Sprache des Goethe-anismus heißt das: «Ein gesundes menschliches Denken hält sich aber an diese Welt. Es kümmert sich um keine andere. *Aber es vergeistigt zugleich diese Welt.*» Die *Versinnlichung des Geistes* ist eine Initiative der geistigen Welt, der gegenüber der Mensch die goetheanistische Aufgabe hat, sie zu erkennen im Gewahrwerden der Idee in der Wirklichkeit. Der zweite Schritt, die *Vergeistigung der (Sinnes-)Welt,* muss vom Menschen ausgehen: «Ein gesundes menschliches Denken … vergeistigt zugleich diese Welt.» Dann beginnt ein ganz neues Verhältnis des Menschen zur «vergeistigten» Natur. Rudolf Steiner hatte die Intention, zum Abschluss seiner biografischen Goethe-Zeit dieses neue Verhältnis zu beschreiben: «Ich wollte den Weg kennzeichnen, den das Weltanschauungsleben der Menschheit bis zu Goethe genommen hat, um dann Goethes Anschauungsart in ihrem Hervorgehen aus diesem Leben darzustellen. Ich habe das versucht in dem Buche ‹Goethes Weltanschauung›, das 1897 erschienen ist. Ich wollte da zur Anschauung bringen, wie Goethe an der reinen Naturerkenntnis überall, wo er hinblickt, den Geist aufblitzend erblickt.»[33] Wo also auf dieser Stufe des Goethe-anismus die Arbeit des Menschen sich immer mehr darauf ausrichtet, die Welt zu vergeistigen, kann die konkrete Annäherung an das Erleben Goethes beginnen, der «überall, wo er hinblickt, *den Geist aufblitzend erblickt.*»

Für diesen zweiten Schritt war Petrus noch nicht reif, den «Schlüssel» konnte er noch nicht ergreifen. Die «Idee in der Wirklichkeit», den Gott im Menschen, konnte er erkennen. Aber die Konsequenzen aus der *Versinnlichung des Geistes,* konnte er nicht akzeptieren und so auch nicht den Weg der *Vergeistigung des Sinnlichen* gehen. Jesus spricht nun über diese Konsequenzen: «Seit der Zeit fing Jesus an, seinen Jüngern zu zeigen, wie er nach Jerusalem gehen und viel leiden müsse von den Ältesten und Hohenpriestern und Schriftgelehrten und getötet werden und am dritten Tage auferstehen. Und Petrus nahm ihn beiseite, widersprach ihm und sagte: Gott bewahre dich, Herr! Das widerfahre dir nur nicht! Er aber wandte sich um und sprach zu Petrus: Weiche von mir, Satan! Du bist mir ein Ärgernis; denn du meinst nicht, was göttlich, sondern was menschlich ist.»[34] In diesem Augenblick beginnt für Petrus der tragische Weg abwärts, der ihn schließlich am Todestag Jesu zur dreimaligen Verleugnung seiner Beziehung zu ihm trieb. Das Petrus-Schicksal ist zugleich das Schicksal der Christenheit geworden. Der Glaube an die *Versinnlichung des Geistes* wurde gepflegt nach vielen Richtungen, durch die Art der Lehre («Transsubstantiation») von der Wandlung (Brot und Wein werden Leib und Blut Christi), die Reliquien-Verehrung, den Glauben an Naturwunder u.a. Der zweite Akt aber, der vom Menschen ausgehen muss als Konsequenz des ersten Aktes, ist in der Zeit vor Goethe in der offiziellen christlichen Welt nicht nur nicht gepflegt worden, sondern im gegebenen Fall auch verketzert als «Anmaßung» des Menschen. Wo aber nur die *Versinnlichung des Geistes* im

Mittelpunkt steht ohne ein Bewusstsein für die Aufgabe des Menschen, an der *Vergeistigung der Sinneswelt* zu arbeiten, führt dieser unvollständige Goetheanismus als unvollständig ergriffenes Christentum unweigerlich in den Materialismus.[35] Erst durch den Goetheanimus auf seiner zweiten Stufe, für den Petrus noch nicht reif war, wird das Bild des Menschen und seiner Entwicklung vollständig, beginnt das Christentum Wirklichkeit zu werden. Mit Goethe beginnt die Möglichkeit, dass der «Goetheanismus» in seiner Vollständigkeit wirksam werden kann im weiteren Fortgang der Entwicklung, wenn er vom Menschen ergriffen wird als der Petrus-«Schlüssel» für die Zukunft.

Rudolf Steiner hat in Wien und Weimar in den vierzehn Jahren seiner engen biografischen Verbundenheit mit Goethe selbst wichtige Entwicklungen und Erfahrungen an ihm und mit ihm durchgemacht, besonders in Weimar in Zusammenhang mit der zweiten Stufe des Goetheanismus. Da geht es um die *Vergeistigung der Welt* und einen Blick in die Natur, der «überall ... *den Geist aufblitzend erblickt.*» In seinem «Lebensgang» berichtet er:

«Am Ende meiner weimarischen Zeit hatte ich sechsunddreißig Lebensjahre hinter mir. Schon ein Jahr vorher hatte in meiner Seele ein tiefgehender Umschwung seinen Anfang genommen. Mit meinem Weggang von Weimar wurde er einschneidendes Erlebnis. Er war ganz unabhängig von der Änderung meiner äußeren Lebensverhältnisse, die ja auch eine große war. Das Erfahren von dem, was in der geistigen Welt erlebt werden kann, war mir immer eine Selbstverständlichkeit; das wahrnehmende Erfassen der Sinneswelt bot mir die größten Schwierigkeiten. Es war, als ob ich das seelische Erleben nicht so weit in die Sinnesorgane hätte ergießen können, um, was *diese* erlebten, auch vollinhaltlich mit der Seele zu verbinden.

Das änderte sich völlig vom Beginne des sechsunddreißigsten Lebensjahres angefangen. Mein Beobachtungsvermögen für Dinge, Wesen und Vorgänge der physischen Welt gestaltete sich nach der Richtung der Genauigkeit und Eindringlichkeit um. Das war sowohl im Wissenschaftlichen wie im äußeren Leben der Fall. Während es vorher für mich so war, dass große wissenschaftliche Zusammenhänge, die auf geistgemäße Art zu erfassen sind, ohne alle Mühe mein seelisches Eigentum wurden und das sinnliche Wahrnehmen und namentlich dessen erinnerungsgemäßes Behalten mir die größten Anstrengungen machte, wurde jetzt alles anders. Eine vorher nicht vorhandene Aufmerksamkeit für das Sinnlich-Wahrnehmbare erwachte in mir. Einzelheiten wurden mir wichtig; ich hatte das Gefühl, die Sinneswelt habe etwas zu enthüllen, was nur *sie* enthüllen kann. Ich betrachtete es als ein Ideal, sie kennen zu lernen allein durch das, was *sie* zu sagen hat, ohne dass der Mensch etwas durch sein Denken oder durch einen andern in seinem Innern auftretenden Seelen-Inhalt in sie hineinträgt.»[36]

Als entscheidendes Erlebnis Rudolf Steiners kann wohl gelten: «Ich hatte das Gefühl, die Sinneswelt habe etwas zu enthüllen, was nur *sie* enthüllen kann.» Hier ist er mit Goethe verbunden in der tiefsten Form des Goetheanismus: Die Sinneswelt hat einen ganz eigenen, in sich gegründeten Inhalt. Am Anfang dieser 14 Jahre, in Wien, war die Sinneswelt noch ohne eigenen Inhalt *ein Spiegel*, in dem sich der Gedanke, der

Geist spiegelt (*Grundlinien einer Erkenntnistheorie der Goetheschen Weltanschauung*). Jetzt in Weimar, am Ende dieser Zeit, erlebt er eine Wirklichkeit, die allein die Sinneswelt enthüllen kann, «ohne dass der Mensch etwas durch sein Denken oder durch einen andern in seinem Innern auftretenden Seelen-Inhalt in sie hineinträgt.» Der erste Akt des Goetheanismus, die *Versinnlichung des Geistes*, heißt in dem zu Anfang dieses Kapitels genannten «Credo»: «*In Jesus trat der Christus als Mensch in die Erdenwelt.*» Damit ist das Ereignis der Jordantaufe angesprochen. Die Sinneswelt empfängt den Geist. Im zweiten Akt kehrt sich der Prozess um: Die Sinneswelt gebiert den Geist als *Vergeistigung der Sinneswelt*. Das ist die Tatsache der Auferstehung: «*Dann überwand er den Tod nach dreien Tagen.*» Das Verhältnis von Sinneswelt und geistiger Welt ist wechselseitig ein schöpferisches Handeln Gottes aus der geistigen Welt heraus und in der Folge ein sich entwickelndes schöpferisches Handeln des Menschen für die Zukunft der Erde als Vergeistigung der Sinneswelt.

Wenige Jahre nach dieser Erfahrung – «*Ich hatte das Gefühl, die Sinneswelt habe etwas zu enthüllen, was nur sie enthüllen kann.*» – spricht Rudolf Steiner wie in einer Zusammenfassung von allem, was über den Goetheanismus zu sagen ist, vom «*Durchgang durch die Sinneswelt*», der für die geistige Welt eine Notwendigkeit war. Dieser Durchgang ist wie Empfängnis und Geburt, *Versinnlichung des Geistes* und *Vergeistigung der Sinneswelt*, Jordantaufe und Auferstehung. Die «übersinnliche Welt *brauchte* den Durchgang durch die sinnliche. Ihre Weiterentwickelung wäre ohne diesen Durchgang nicht möglich gewesen. Erst wenn sich innerhalb des sinnlichen Reiches Wesen entwickelt haben werden mit entsprechenden Fähigkeiten, kann die übersinnliche wieder ihren Fortgang nehmen. Und diese Wesenheiten sind die Menschen.»[37] Zwischen Versinnlichung und Vergeistigung, zwischen Jordantaufe und Auferstehung steht der Tod. An dieser Schwelle soll der Mensch im Gang der Menschheitsentwicklung die «entsprechenden Fähigkeiten» entwickeln.

6. Goethe – «ein dezidierter Nichtchrist»

Wir haben gesagt, es sei nur ein kleiner Schritt, um an die
Stelle von «goetheanistisch» das Wort «christlich» zu setzen.
Aus der Sicht eines heute möglichen Christentum-Verständ-
nisses, kann das so gesagt werden. Zur Zeit Goethes wäre
das nicht möglich gewesen, im Gegenteil: Goethe verstand
sich gerade nicht als «Christ» im Sinne seiner Zeit. Seinem
Freund Lavater etwa schrieb er, er sei «zwar kein Widerkrist, kein Unkrist aber ein dezidirter Nichtkrist.»[38] Auch
noch am Ende des 19. Jahrhunderts distanziert sich Rudolf
Steiner vom «als christlich geltenden Jenseitsglauben ...
Nicht die Begriffe und Ideen sollten das Tiefste sein, was
der Mensch in den Vorgängen dieser Welt erschaut, sondern Gott, sondern das Jenseits.»[39] Das war für ihn nicht
akzeptabel, dieses «Christentum» musste er ablehnen:
«Ich hatte, wenn ich in dieser Zeit das Wort ‹Christentum›
schrieb, die Jenseitslehre im Sinne, die in den christlichen
Bekenntnissen wirkte.»[40]

Der entscheidende Punkt, wo sich Goetheanismus
und traditionelles Christentum widersprechen, ist also
der Begriff des «Jenseits». Es genügt nicht, im Sinne
des Christentums zu sagen: Gott ist Mensch geworden. Damit wird zwar gesagt, dass das Geistige tatsächlich sinnlich wird, aber das wäre nur die erste Stufe des

Goetheanismus, wie ihn Rudolf Steiner schon mit 21 Jahren gegenüber Friedrich Theodor Vischer formuliert hat, «dass es Begriff und Idee ist, was die Wahrnehmung bietet». Soweit reicht auch die Erkenntnis des Petrus, die «Versinnlichung des Geistes» zu verstehen; «Du bist der Christus, der Sohn des lebendigen Gottes.» Und so weit gibt es, worauf wir je hingewiesen haben, auch keinen grundsätzlichen Widerspruch zwischen dem von der Kirche gepflegten Christentum und dem «petrinischen» Goetheanismus. Die Spaltung der Welt in ein Diesseits und Jenseits wird nicht prinzipiell in Frage gestellt. Entsprechend kann auch das Wort Jesu verstanden werden, der vor Pilatus sagt: «Mein Reich ist nicht von dieser Welt.» [41] Das Reich Gottes und das Reich dieser Welt sind getrennt. Jesus kommt in diese Welt, macht die Erfahrung von Tod und Auferstehung durch, dann verlässt er diese Welt wieder im Ereignis der «Himmelfahrt». Er geht wieder «zum Vater» – so kann man die entsprechende Stelle im Neuen Testament verstehen: «Ausgegangen bin ich vom Vater und gekommen bin ich in die Welt; wiederum verlasse ich die Welt und gehe zum Vater.» [42] Diese Gestalt des Christentums war bis in die Goethe-Zeit unangefochten und der Begriff des «Jenseits» von allergrößter Bedeutung für die Kirche und das Bewusstsein der gläubigen Christen. Das war ohne Berücksichtigung dessen, dass sich dieser Dualismus von Diesseits und Jenseits nur scheinbar aus dem Neuen Testament ableiten lässt. Wenn man nicht selektiv liest und das Ganze der Bibel nicht aus dem Bewusstsein verliert, zeigt sich auch, dass die Inkarnation Christi nicht allein die *Versinnlichung der geistigen Welt* bedeutet. Tod und Todes-Überwindung führen zur Auferstehung des Geistes aus dem Sinnlichen, zur *Vergeistigung der Sinneswelt.*

An Pfingsten, fünfzig Tage danach, wacht auch Petrus für diesen zweiten Akt des «Goetheanismus» auf und kann nun am Pfingstmorgen der großen Menschenschaar tiefgründig vermitteln, was ihm bisher noch nicht möglich war zu verstehen, warum Christus sterben musste. Nur dadurch kann er den Menschen die Kraft zuströmen, die sinnliche Welt zu vergeistigen als die Gabe des «Heiligen Geistes»:

«Diesen Jesus hat Gott auferweckt, wovon wir alle Zeugen sind. Nachdem er durch die rechte Hand Gottes erhöht worden war und vom Vater den verheißenen Heiligen Geist empfangen hatte, hat er ihn ausgegossen, wie ihr seht und hört ... Das ganze Haus Israel wisse nun zuverlässig, dass Gott ihn sowohl zum Herrn als auch zum Gesalbten gemacht hat, diesen Jesus, den ihr gekreuzigt habt.

Als sie aber das hörten, drang es ihnen durchs Herz, und sie sprachen zu Petrus und den anderen Aposteln: Was sollen wir tun, ihr Brüder?

Petrus aber sprach zu ihnen: Suchet, aus innerer Freiheit zu handeln[43] und ihr werdet die Gabe des Heiligen Geistes empfangen.»[44]

Die erste Stufe des Goetheanismus bezieht sich auf die Inkarnation des Christus. Das ist eine Initiative Gottes. Jetzt aber fragen die Menschen: *Was sollen wir tun, ihr Brüder?* Jetzt kommt alles auf die Initiative der Menschen an, den Willen zum Handeln, damit sich die Verheißung erfüllen kann: «Ihr werdet die Gabe des Heiligen Geistes empfangen.» Das ist der Weg zur *Vergeistigung der Sinneswelt* durch die Kraft des *Heiligen Geistes.*

Das ist die zweite, die «Pfingst»-Stufe des Goetheanismus. Petrus hat dieses Ur-Pfingsten erlebt, aber dann hatte der Goetheanismus noch zu warten bis zur Goethe-Zeit.

Die erste Stufe des Goetheanismus gründet sich auf die Erkenntnis des Christus als des Mensch-gewordenen Gottes. So weit war Petrus schon gekommen, *bevor* sich das Mysterium von Golgatha ereignet hatte. Die zweite Stufe gründet sich auf die Erkenntnis des Auferstandenen und der Auferstehung als *Vergeistigung der Sinneswelt*. Das ist durch den «Heiligen Geist» eine höhere Erkenntnis, die ihre Wirklichkeit als pfingstliches Erleben *nach* dem Mysterium von Golgatha hat. Dieser Aspekt des Christentums, des *eigentlichen* Goetheanismus, erscheint erst in unserer Zeit, im Besonderen seit Goethe, der sich als «dezidirter Nichtkrist» bezeichnete.

Warum dieses vom «Jenseits» befreite und (auf der zweite Stufe des Goetheanismus) als *Vergeistigung der Sinneswelt* verstandene Christentum erst in Zusammenhang mit Goethe, dem «dezidierten Nichtchristen», in Erscheinung trat, kann rätselhaft erscheinen. Von Rudolf Steiner gibt es am Beginn seiner Weimarer Zeit 1890 die Andeutung einer Antwort auf diese Frage in einem Brief an den ihm freundschaftlich verbundenen Richard Specht: «Meine «Märchen»-Exegese habe ich vorläufig zurücklegen müssen, weil mir in der Lektüre etwas sehr Wichtiges aufgestoßen ist, das ich noch gehörig durcharbeiten muss, bevor ich weiter kann. Darüber kann ich aber jetzt noch gar nichts Weiteres sagen. Soviel ist sicher: Goethes ganzes Glaubensbekenntnis liegt in diesem Märchen, – und man kann es nicht erklären, ohne gewisse Dinge durchgemacht zu haben, die in der Zeit von 1790-1820 in Deutschland still und unsichtbar sich abspielten. Ich bin auf einer ganz besonderen Spur. Doch davon zu Ostern mündlich mehr.»[45] Diese dreißig Jahre 1790-1820, in denen gewisse Dinge in Deutschland still und unsichtbar sich abspielten, sind auch ein wichtiger Abschnitt in Goethes Biografie. In dieser Zeit erscheint auch sein «Märchen» (1795). Wir begnügen uns jetzt zunächst einmal mit der Perspektive, dass die Goethe-Zeit auch geistig und in Bezug auf das Wirken geistiger Wesen eine besondere Zeit war.

7. Das «Glaubensbekenntnis» Rudolf Steiners

Der Philosoph Eduard von Hartmann[46], mit dem Rudolf Steiner in einem angeregten Austausch über geistige Grundfragen stand, hatte sich an mehrere Persönlichkeiten gewandt mit der Bitte, für eine von ihm in Aussicht genommene Publikation ein «Glaubensbekenntnis» zu verfassen. Rudolf Steiner nahm diese Bitte an. Die handschriftliche Abfassung seines Credos unter der Überschrift «Glaubensbekenntnis des empirischen Idealismus» trägt das Datum vom 28.12.1892. Schon im Vorhinein könnte man sich da bestimmte Fragen stellen: Wie lässt sich denn ein goetheanistisches «Glaubensbekenntnis» überhaupt formulieren? Wie soll man von «Gott» sprechen ohne ein «Jenseits»? Woher gewinnt man für den Menschen eine «Ethik» ohne einen «jenseitigen Gott», zu dem man ein «Gebet» richten und ihn mit «Du» ansprechen kann?

Text Rudolf Steiners (*Unterstreichungen im Text entsprechen der Handschrift*):

I. Gott als Gegenstand des religiösen Verhältnisses.
Gott ist zu denken als die konkrete Einheit der beiden Momente, in die für das menschliche Bewusstsein die geformte Welt auseinander fällt: die <u>gegebene</u> objektive, und

die vom Geiste produzierte subjektive Seite des Daseins. Durch die Spaltung des Daseins in diese zwei Seiten wohnt unserem bewussten Geiste die göttliche Wesenheit nicht als konkretes Agens sondern als abstrakte Idee inne, die nicht durch Versenkung in irgendein Objektives zu einem Inhalte kommen kann, sondern nur durch den realen, kontinuierlichen Entwicklungsprozess der Menschheit. Dieser Entwicklungsprozess ist das Darleben Gottes, und in dem schließlichen Endergebnis desselben ist die totale Wesenheit Gottes zur Erscheinung gekommen.

II. Der Mensch im Verhältnis zu Gott und Welt.
Die menschliche Entwicklung ist ein fortwährendes Überwinden der beiden oben gekennzeichneten Gegensätze, also ein kontinuierliches Zur-Erscheinung-Kommen Gottes. In der Spaltung der ursprünglichen Welteinheit in Objekt und Subjekt liegt der Grund der menschlichen Unvollkommenheit. Diese Unvollkommenheit äußert sich im Gebiete des Handelns als Unfreiheit. Unfrei sind wir nur in den Teilen unserer Tätigkeit, in denen sich die Durchdringung von Subjekt und Objekt für uns noch nicht vollzogen hat. In diesem Falle stehen wir unter der Macht des Objektiven. Letzteres fällt sofort weg, wenn wir den Geist einer Sache erfasst haben, und sie demgemäß ihrer eigenen Wesenheit entsprechend beherrschen. Von diesem Standpunkte aus gesehen, ist die menschliche Entwicklung zugleich eine sittliche und zwar ein fortwährender Befreiungsprozess.[47]

Einige Gesichtspunkte mögen für dieses «Glaubensbekenntnis» als Orientierung dienen:

«Gott» ist nicht einfach eine Gegebenheit, sondern ein «Prozess»: «Dieser Entwicklungsprozess ist das Darleben Gottes, und in dem schließlichen Endergebnis desselben ist die totale Wesenheit Gottes zur Erscheinung gekommen.» Indem für den Menschen die Welt als gespalten erlebt wird (in die gegebene objektive und die vom Geist produzierte subjektive Seite des Daseins), kann er sich von Gott als der «Einheit» dieser beiden Momente nur eine abstrakte Vorstellung bilden. Als eine abstrakte Vorstellung in diesem Sinne wäre das «Jenseits» zu verstehen, das nicht «durch Versenkung in irgendein Objektives zu einem Inhalt kommen kann».

Erst wenn der Mensch diese Spaltung selbst überwindet, kommt Gott zur Erscheinung. Diese Überwindung ist keine Tatsache, sondern immer das Ziel menschlicher Entwicklung.

Die Quelle aller Unvollkommenheit ist diese Spaltung des Daseins. Auf der einen Seite hat das für den Menschen die Konsequenz, dass seinem bewussten Geist die göttliche Wesenheit – in Unvollkommenheit – nur als abstrakte Idee innewohnt. Auf der anderen Seite äußert sich diese Unvollkommenheit auf dem Gebiet des menschlichen Handelns als Unfreiheit.

Der menschliche Entwicklungsprozess ist also auf der einen Seite das *Darleben Gottes* und zugleich in Bezug auf den Menschen die *Entwicklung seiner Freiheit*: «Ein freies Wesen kann er nur selbst aus sich machen.»[48]

8. Berlin – ab 1897

Mit dem Ablauf seiner Weimarer Zeit 1897 endet für Rudolf Steiner zugleich eine biografische Goethe-Epoche von fast fünfzehn Jahren. Eine zusammenfassende Darstellung seiner bisherigen Goethe-Studien gibt er in seinem noch 1897 erschienenen Werk *Goethes Weltanschauung*. Dann beginnt für ihn in Berlin ein völlig verändertes Wirkungsfeld.[49] Was er in der Beschäftigung und Auseinandersetzung mit Goethe gefunden und erreicht hatte, wurde nun Grundlage für den eigentlichen biografischen Weg: Das von ihm erfasste Wesen des Goetheanismus wird auf diesem Weg schließlich in den Kernsatz der Anthroposophie einmünden, den ersten der «Anthroposophischen Leitsätze» – wie oben schon angeführt: «Anthroposophie ist ein Erkenntnisweg, der das Geistige im Menschenwesen zum Geistigen im Weltenall führen möchte.»

Was er von Weimar nach Berlin mitbringt, ist zunächst noch die Weltanschauung und innere Haltung Goethes und das würde bedeuten: Er ist «ein dezidierter Nichtchrist» im Sinne der Äußerung Goethes gegenüber Lavater. Im Hintergrund steht aber, wie wir gesehen haben, dass der vollständige Goetheanismus in seinen zwei Stufen in Wahrheit das eigentliche Christentum ist. Seine Erfahrung ist aber: «Ich fand das Christentum, das ich suchen musste, nirgends in den Bekenntnissen vorhanden.»⁵⁰ So finden wir einen Aufsatz von ihm (vom 8.3.1898), der deutlich die Sprache dieses «dezidierten Nichtchristen» ist: «Wir gehen in das neue Jahrhundert hinüber mit wesentlich anderen Gefühlen, als sie unsere im Christentum erzogenen Vorfahren hatten. Wir sind wirklich «neue Menschen» geworden, aber wir, die wir uns zur neuen Weltanschauung auch mit dem Herzen bekennen, wir sind eine kleine Gemeinde. Wir wollen Kämpfer sein für unser Evangelium, auf dass im kommenden Jahrhundert ein neues Geschlecht erstehe, das zu leben weiß, befriedigt, heiter und stolz, ohne Christentum, ohne Ausblick auf das Jenseits.»⁵¹ Im späteren Rückblick auf seine Biografie nimmt er auch Bezug auf das Bild des «dezidierten Nichtchristen», der das wahre Christentum sah – aber in Zusammenhang mit einer vom Glauben befreiten «Wissenschaft» vom Geist.

«Was damals im Anschauen des Christentums in meiner Seele vorging, war eine starke Prüfung für mich. Die Zeit von meinem Abschiede von der Weimarer Arbeit bis zu der Ausarbeitung meines Buches: ‹Das Christentum als mystische Tatsache› ist von dieser Prüfung ausgefüllt … In der Zeit, in der ich die dem Wort-Inhalt nach Späterem so widersprechenden Aussprüche über das Christentum tat, war es auch, dass dessen wahrer Inhalt in mir begann keimhaft vor meiner Seele als innere Erkenntnis-Erscheinung sich zu entfalten. Um die Wende des Jahrhunderts wurde der Keim immer mehr entfaltet. Vor dieser Jahrhundertwende stand die geschilderte Prüfung der Seele. Auf das geistige Gestanden-Haben vor dem Mysterium von Golgatha in innerster ernstester Erkenntnis-Feier kam es bei meiner Seelen-Entwickelung an.»⁵²

Dieses Erlebnis um die Jahrhundertwende verbindet in

seiner Seele, was ab seinem 10. Lebensjahr im Äußeren für ihn getrennt war. Da gab es den geliebten Pater, den Vertreter der Kirche. Und es gab zuhause den geachteten Vater, der «Freigeist» war und für dessen Lebensorientierung sich der 10-Jährige zunächst einmal entschied. Dann schrieb der 21-Jährige an seinen Freund Albert Löger einen Brief, in dem er sich darüber äußert, was das Studium und die bevorstehenden Prüfungen ihm bedeuteten. «Dann kommt erst jene jämmerliche Prüfung über die massenweise in den Bibliotheken aufgetürmte mathematische Weisheit ... Doch ich muss es tun, will es tun, tue es. Es hat übrigens auch sein Gutes, dass ich Naturlehre studiert habe.» Er bejaht, dass er Naturlehre studiert hat. Aber er hat außerdem auch Philosophie studiert. Daran knüpft er im zweiten Teil des Briefes an mit einer überraschenden thematischen Wende: «Mir wurde oft es übel genommen, dass ich Gefallen an der Philosophie finde, doch ich sehe jetzt, wie gut dies ist. Sie hat mir das gegeben, was ich von Natur nicht hatte, was aber andere haben und ohne das man ja doch eigentlich nicht sein kann. Ich lernte gerade durch sie kennen, was mir noch vor kurzem ganz unverständlich war: die Bedeutung der religiösen Bewegungen. Ich muss gestehen, dass ich mir noch vor nicht langer Zeit, wenn Du von dem Altkatholizismus sprachst und wenn Du Deine großen Bemühungen um denselben anführtest, nichts Rechtes denken konnte. Jetzt ist mir das alles klar. Ich sehe ebensogut ein, warum es diese und gerade diese *Religionsform* für unser Volk sein muss ... Der Mensch muss ein Bild von seinem Gotte haben und ihn in sinnlichen Handlungen verehrt sehen, sonst verschwindet er seinem Geiste.»[53]

Durch die Philosophie hat er also kennengelernt, was

ihm bisher «noch ganz unverständlich war», nämlich «die Bedeutung der religiösen Bewegungen.» Vielleicht müsste man genauer sagen: Durch die Philosophie hat er *wieder* und wahrscheinlich *ganz anders* kennengelernt, was ihm vor seinem 10. Lebensjahr – als Ministrant bei dem sehr geschätzten Pfarrer – noch selbstverständlich war. Das schrieb er 1882. Aber auch diese Einsicht in «die Bedeutung der religiösen Bewegungen» ruhte dann weiter im Untergrund seiner Seele. Um die Jahrhundertwende, ca. 18 Jahre später, erlebte er: «Ich fand das Christentum, das ich suchen musste, nirgends in den Bekenntnissen vorhanden.»[54] Und dann kommt in dieser Zeit zugleich auch der Durchbruch: «Auf das geistige Gestanden-Haben vor dem Mysterium von Golgatha in innerster ernstester Erkenntnis-Feier kam es bei meiner Seelen-Entwickelung an.»

Nun beginnen für ihn ganz neue Schicksalswege. Der von ihm durchdrungene Goetheanismus gab ihm jetzt das Erleben, dass der von Goethe begonnene Weg der Naturerkenntnis sich als ein unmittelbarer Weg zum Christentum in seinem «wahrem Inhalt» erweist. Alles, was ihm bisher auf seinem Weg der Wirklichkeits-Erkenntnis entgegen kam, was er ergreifen und entwickeln konnte bis hin zu der äußersten Verdichtung seiner Studienergebnisse, war noch nicht das Eigentliche. Zuletzt sagt er : «Man spricht wohl ganz in Goethes Sinn, wenn man [sagt]: *Vergebens bemühen wir uns, das Wesen Gottes zu schildern; man stelle dagegen die Erscheinungen der Natur und ihre Gesetze zusammen, und ein Bild Gottes wird uns entgegentreten.*»[55] Dann kommt die Jahrhundertwende und er erlebt: «Auf das geistige Gestanden-Haben vor dem Mysterium von Golgatha in innerster ernstester

Erkenntnis-Feier kam es bei meiner Seelen-Entwickelung an.» Er weiß nun aus dem Innersten: Der Weg des wahren Goetheanismus ist seinem tiefsten Wesen nach ein christlicher Weg.

Diesen christlichen Goetheanismus hat Novalis hundert Jahre vorher (1799/1800) schon berührt in seinen «Geistlichen Liedern»:

> Er ist der Stern, er ist die Sonn',
> Er ist des ewgen Lebens Bronn,
> Aus Kraut und Stein und Meer und Licht
> Schimmert sein kindlich Angesicht.[56]

9. Theosophie und Religion

Nach der Jahrhundertwende kommt Rudolf Steiner in Berlin auch mit Theosophen in Kontakt. Zunächst wurde er gefragt, über Nietzsche zu sprechen, der am 25. August 1900 verstorben war. Ende September 1900 hielt Rudolf Steiner in der Theosophischen Bibliothek diesen Vortrag, was zu weiteren Einladungen führte und zum ersten Vortragszyklus im Winterhalbjahr 1900/01 (*Die Mystik*), der dann auch schriftlich herausgegeben wurde.[57] Im folgenden Winterhalbjahr 1901/02 sprach er dann über das Christentum. Drei Jahre vorher hatte er noch geschrieben: «Wir wollen Kämpfer sein für unser Evangelium, auf dass im kommenden Jahrhundert ein neues Geschlecht erstehe, das zu leben weiß, befriedigt, heiter und stolz, ohne Christentum, ohne Ausblick auf das Jenseits.» Und nun spricht er in einem halbjährigen Vortragszyklus über das Christentum als zentralem Ereignis in der Menschheitsentwicklung. Man wird diesen scheinbaren Bruch in der Entwicklung Rudolf Steiners um die Jahrhundertwende dann richtig einordnen, wenn man im Bewusstsein hat, was er mit dem Christentum verbunden sah und zugleich auf das deutlichste ablehnen musste aus seiner goetheanistischen Wirklichkeits–Erkenntnis: das Jenseits. «Ich hatte, wenn ich in dieser Zeit das Wort «Christentum» schrieb, die Jenseitslehre im Sinne, die in den christlichen Bekenntnissen wirkte.»[58]

Wenn er nun in der theosophischen Bibliothek über das Christentum spricht, hat das Thema einen ganz neuen Inhalt: er wird sprechen über *ein Christentum, das frei ist von der Jenseitslehre, die in den christlichen Bekenntnissen wirkt.* Im Anschluss erscheint 1902 der Inhalt der Vorträge als Buch unter dem Titel «Das Christentum als mystische Tatsache». Schon in diesem Titel erscheint die ganz neue Dimension des Christentums, die dann Thema dieses Buches sein wird. Der Autor verdeutlicht das im Vorwort: In diesem Buch soll «gezeigt werden, wie der Quell des Christentums sich seine Voraussetzungen geschaffen hat in den Mysterien der vorchristlichen Zeit.»[59] Es waren wohl theosophische Zuhörer notwendig, dass Rudolf Steiner völlig frei in dieser Weise vortragen konnte, denn seine Gedanken bedeuteten einen Bruch mit dem zentralen Grundgedanken: das Christentum ist der «Neue Bund» Gottes mit den Menschen (das «Neue Testament»), der aus dem «Alten Bund» mit Moses (dem «Alten Testament») hervorgeht. Dementsprechend stellt sich der kirchlichen Theologie – analog der Formulierung Rudolf Steiners – allein die Frage, «wie der Quell des Christentums sich seine Voraussetzungen geschaffen hat im Alten Bund mit Moses.» Das «Alte Testament» («testamentum» [lateinisch] = Bund) ist das Heilige Buch dieses Bundes. Und dort wird durch den Propheten Jeremiah vorausgesagt, dass dieser Bund einmal durch einen «neuen Bund» abgelöst wird: «Siehe, es kommt die Zeit, spricht der Herr, da will ich mit dem Hause Israel und mit dem Hause Juda einen neuen Bund (*novum testamentum*) machen; nicht wie der Bund gewesen ist, den ich mit ihren Vätern (*Moses*) machte, da ich sie bei der Hand nahm, dass ich sie aus Ägyptenland führte, welchen Bund sie nicht gehalten haben, und ich sie zwingen musste, spricht der Herr.»⁶⁰ Diese Prophezeiung wurde im Christentum immer bezogen auf den kommenden Christus und das Abendmahl als dem «neuen Bund», wie das bei der Kelch-Kommunion ausgesprochen wird: «Und er nahm Brot, segnete es, brach es und gab es ihnen und sprach: Nehmet hin, das ist mein Leib, der für euch dahingegeben wird. Tut dies zu meinem Gedächtnis! Ebenso nahm er nach dem Mahl den Kelch und sprach: Dieser Kelch ist der Neue Bund in meinem Blut, das für euch vergossen wird.»⁶¹ Das «Neue Testament» ist das heilige Buch dieses *Neuen Bundes* im Blut des Christus, das für die Menschheit vergossen wird. Es geht unmittelbar aus dem «Alten Testament» hervor und ist mit ihm untrennbar verbunden wie die Auferstehung mit dem Tod. Rudolf Steiner hat sogar den Waldorf-Religionslehrern empfohlen, die Erzählungen aus dem Alten Testament (etwa in der dritten Klasse) innerlich vorzubereiten durch die Beschäftigung mit den jeweils entsprechenden Bildern aus dem Neuen Testament (z.B. Erschaffung der Frau aus der Seite Adams – Seitenwunde Christi am Kreuz; Durchzug des Volkes Israel durch das Rote Meer – Taufe Christi im Jordan).⁶²

Nun aber bezieht Rudolf Steiner das Christentum auf die Mysterien der vorchristlichen Zeit. In der Sprache der Kirchen wären das die «heidnischen Mysterien». Für Rudolf Steiner ist das kein Entweder-Oder, sondern die in unserer Zeit fällige Ergänzung. Fast 2000 Jahre wurde das Christentum einseitig auf das Alte Testament bezogen mit der Betonung einer inneren Moralität des Gesetzes (Zehn Gebote) und damit verbunden dem Blick auf das «Jenseits» als dem Ort moralischer Beurteilung des Menschen. Goethe hat sich davon befreit und formuliert in seinem Faust-Drama die göttliche Beurteilung moralischer Verfehlung des Menschen entsprechend (Prolog im Himmel): «*Es irrt der Mensch, solang' er strebt.*» Faust irrt tatsächlich auf dramatische Weise, eine ganze Familie wird durch ihn in verschiedenen Szenarien ausgelöscht (Gretchen – seine Geliebte; ihre Mutter; ihr Bruder; das gemeinsame Kind) und darüber hinaus noch weitere Menschen im Umkreis. Er stirbt mit schwerster Schuld beladen. Was erwartet ihn im «Jenseits»? Der Chor der Engel singt: «... *Wer immer strebend sich bemüht, den können wir erlösen.*» Die neue Moralität ist keine Gesetzes-Moralität mehr, sondern eine Moralität des «Strebens», der Entwicklung. «Irren» und «Erlöst werden» hängen zusammen. Sie werden durch «Streben» miteinander verbunden. Das war Goethes Ansatz und zu seiner Zeit war es unmöglich, das in Zusammenhang mit «Christentum» zu sehen. Goethe konnte sich deshalb auch nur als «dezidirter Nichtkrist» charakterisieren, aber eben auch «kein Widerkrist, kein Unkrist». Rudolf Steiner hat seinen eigenen Weg als «Goetheanismus» erkannt – auch in Bezug auf das «Christentum» und die damit verbundene «Jenseits»-Frage. Aber durch die inneren Erfahrungen an der Jahrhundertwende kann er jetzt den Schritt machen, Christentum und Goetheanismus uneingeschränkt zu verbinden und den Blick nicht nur auf das Alte Testament als monotheistische Wurzel des Christentums zu richten, sondern auch auf das «Heidentum» in seinen sehr verschiedenen kulturellen Ausprägungen. Das ist der Kern dieser Schrift, in der Rudolf Steiner zum ersten Mal «goetheanistisch» über das Christentum spricht, über «goetheanistisches Christentum», zu

dem Goethe womöglich sagen könnte: Ich bin «kein Widerkrist, kein Unkrist, sondern Krist».

Der Grundgedanke in Bezug auf «goetheanistisches Christentum» ist: die strenge Trennung zwischen Eingeweihten
und Nicht-Eingeweihten in den vorchristlichen Mysterien
wird durch das Christentum aufgehoben. Die Mysterien
werden «veröffentlicht». Jeder soll fortan Zugang zu den
Früchten der Mysterien haben. Ist er noch nicht reif, dann
soll ihm wenigstens die Möglichkeit gegeben werden – und
das ist neu – in einer gewissen «Unbewusstheit» die Schwelle
zu überschreiten. Das wird möglich durch eine ganz neue Art
der Gemeinschaft, welche *als Ganze* die Schwelle überschrei-
tet. Und jedes einzelne Mitglied dieser Gemeinschaft leistet
dafür eben *seinen* individuellen Beitrag. «Die Kluft zwischen
Einzuweihenden und ‹Volk› sollte weniger groß sein. Das
Christentum sollte ein Mittel sein, durch das jeder den Weg
finden konnte. Ist er nicht reif dazu, so ist ihm wenigstens
nicht die Möglichkeit abgeschnitten, dass er in einer gewissen
Unbewusstheit der Mysterienströmung teilhaftig werde …
Etwas genießen können von den Früchten der Mysterien sollten auch fortan diejenigen, welche nicht an der Einweihung
noch teilnehmen können.»[63]

Schließlich verändert sich durch diese Veröffentlichung
auch das Wesen der Welt als einer Wirklichkeit. Nicht
mehr die besonderen Orte sind es, die Mysterientempel,
wo die Schwelle überschritten werden kann, sondern überall steht der «Mysterientempel». «Die ganze Welt ist ein
Mysterientempel. Nicht nur jene sollen selig werden, die
in den besonderen Mysterientempeln die wunderbaren Ver-
richtungen *schauen,* die ihnen eine Gewähr geben sollen

für das Ewige, sondern ‹Selig sind, die nicht *schauen* und doch *glauben*›».[64]

«*Die ganze Welt ist ein Mysterientempel.*» Vielleicht ist es gerade dieser Satz, durch den die Überwindung der Schwelle zwischen Diesseits und Jenseits, zwischen Eingeweihten und Nicht-Eingeweihten am deutlichsten zum Ausdruck kommt im Bild dieses *einen* großen Mysterientempels der Welt. Und vielleicht ist es gerade auch dieser Satz, der ‹Goethes Weltanschauung› am meisten entspricht und ein Christentum zum Ausdruck bringt, das er ohne Einschränkung akzeptieren könnte im Sinne der von ihm schon zum Ausdruck gebrachten Gedanken:

> Was wär' ein Gott, der nur von außen stieße,
> Im Kreis das All am Finger laufen ließe!
> Ihm ziemt's, die Welt im Innern zu bewegen,
> Natur in Sich, Sich in Natur zu hegen,
> So dass, was in Ihm lebt und webt und ist,
> Nie Seine Kraft, nie Seinen Geist vermisst.[65]

10. Theosophie und Kirche

Der ganz neue Ansatz Rudolf Steiners, goetheanistisch auch *das Christentum* zu beschreiben, wird noch erstaunlicher, wenn man sieht, wie er noch einen Schritt weiter geht und den Weg findet, in entsprechender Weise auch auf *die christliche Kirche*, die ja verantwortlich ist für den Jenseits-Gedanken im Christentum, goetheanistisch zu schauen: «Nicht das, wozu der Geist eines jeden Einzelnen lange vorbereitet werden muss, war nunmehr allein maßgebend; sondern, was die gehört und gesehen haben, die um Jesus waren; und was durch sie überliefert ist ... Und dieses unmittelbar Wirkliche soll als ein lebendiges Band alle Generationen umfassen; es soll als Kirche mystisch von Geschlecht zu Geschlecht sich weiterschlingen.»[66] In diesen Worten leuchtet eine vollkommen neue Idee auf von dem geistigen Wesen der *christlichen Kirche* als einem «lebendigen Band», das in einer im Lauf der Zeit immer mehr veräußerlichten Denkweise «Tradition» oder «Sukzession» genannt wird, das in Wahrheit aber geistig ein «unmittelbar Wirkliches» ist, «was die gehört und gesehen haben, die um Jesus waren». Was durch sie überliefert wird, ist dann keine *Lehre* oder gar Dogma, sondern eben die *Substanz* dieses «lebendigen Bandes», durch das die christliche Kirche entsteht.

Rudolf Steiner beschreibt noch einen weiteren wesentlichen

Aspekt der urchristlichen Kirche. Das öffentlich Werden der Mysterien, das Abklingen der Trennung zwischen Eingeweihten und solchen, die bisher noch keine Einweihung durchmachen konnten, die sich verändernde geistige Wirklichkeit der *Schwelle* zur geistigen Welt, als der ursprünglichen Trennung von geistiger und sinnlicher Welt hängen zusammen mit der Menschheitsentwicklung, die einen Punkt erreicht hatte, an dem die Menschheitszukunft hoffnungslos geworden war. Das ist der Wendepunkt, an dem sich das «Mysterium von Golgatha» ereignet und zur Quelle einer neuen Menschheits-Hoffnung wird. Menschen, die sich damit verbinden wollen, sollen von nun an «etwas von den Früchten der Mysterien genießen», auch wenn sie auf ihrem individuellen Weg noch nicht die Reife für die Mysterien erlangt haben. Das Mysterium von Golgatha ist für Alle geschehen, unabhängig von ihrer Reife. Im schon erwähnten «Credo» wird von der neuen Menschheits-Hoffnung gesagt: «Sie dürfen hoffen auf die Überwindung der Sündenkrankheit, auf das Fortbestehen des Menschenwesens und auf ein Erhalten ihres für die Ewigkeit bestimmten Lebens.»[67] Auf diesem Weg ist die Aufgabe der christlichen Kirche die *Begleitung*, wozu Rudolf Steiner einen völlig neuen Verständniszugang gegeben hat: «Wie ein Alp musste es auf Jesu Gemüt gelastet haben, dass unter den Außenstehenden doch viele sein können, die den Weg nicht finden. Die Kluft zwischen Einzuweihenden und ‹Volk› sollte weniger groß sein. Das Christentum sollte ein Mittel sein, durch das jeder den Weg finden konnte. Ist er nicht reif dazu, so ist ihm wenigstens nicht die Möglichkeit abgeschnitten, dass er *in einer gewissen Unbewusstheit* der Mysterienströmung teilhaftig werde. ‹Der Menschensohn ist gekommen,

zu suchen und selig zu machen, was verloren ist.›[68] Etwas
genießen können von den Früchten der Mysterien sollten
auch fortan diejenigen, welche nicht an der Einweihung noch
teilnehmen können.»[69]

Der Weg, der dazu führen kann, dass der Mensch etwas
«von den Früchten der Mysterien genießen» kann, ist der Weg
über die «Gemeinde», eine ganz neue Art der Gemeinschaft:
«Jesus war vergottet; man muss sich zu ihm halten; dann ist
man innerhalb der von ihm gestifteten Gemeinschaft selbst
Teilhaber an der Vergottung: das wurde christliche Überzeugung. Was in Jesus vergottet war, ist für seine ganze Gemeinschaft vergottet ... Es hat sich also mit dem ‹Mysterium von
Golgatha› auf die *christliche Gemeinde* das ausgegossen, was
sich früher innerhalb des Mysterientempels über die Mysten
ausgegossen hat.»[70]

Die Aufgabe der christlichen Kirche hat für die Zeit des
Urchristentums eine völlig neue Beziehung des Menschen
zur Schwelle der geistigen Welt begründet. Sie geht selbst
aus den Mysterien hervor als eine Mysterienstätte ganz
neuer Art. «Wie ein Alp musste es auf Jesu Gemüt gelastet haben, dass unter den Außenstehenden doch viele sein
können, die den Weg nicht finden. Die Kluft zwischen Einzuweihenden und ‹Volk› sollte weniger groß sein.» Und wie
wir nun sehen, pflegt diese Kirche zwei neue Formen des
Überschreitens der Schwelle: Es gibt die Möglichkeit, «*in
einer gewissen Unbewusstheit*» die Schwelle zu überschreiten. Und es gibt die weitere Möglichkeit der *Gemeinde-
Initiation*, das heißt des Schwellenübergangs einer ganzen
Gemeinschaft, die den Einzelnen mit einbezieht, unabhängig von seiner Reife.

Die Schwelle zwischen Diesseits und Jenseits, die im Christentum seiner Zeit eine große Rolle spielte, war der Grund, dass Goethe sich als «dezidierten Nichtchristen» bezeichnete. 100 Jahre später, hatte Rudolf Steiner in Bezug auf sich selbst eine ähnliche Haltung. Nach den inneren Erlebnissen der Jahrhundertwende sprach Rudolf Steiner innerhalb der Theosophischen Bewegung über das eigentliche Christentum in Zusammenhang mit den vorchristlichen Mysterien, für das ein Jenseits keine Bedeutung hat, denn *«die ganze Welt ist ein Mysterientempel.»* Auch die christliche Kirche hat ihre Wurzeln in den vorchristlichen Mysterien und nun die Aufgabe, den Menschen «die Früchte der Mysterien» zugänglich zu machen und neue, «christliche» Wege des Schwellenübergangs zu gehen. Für Rudolf Steiner waren diese 1902 dann als Buch veröffentlichten theosophischen Vorträge zugleich Rückblick und Suche nach dem Urbild. Von nun an war, in der Weiterentwicklung von Goethes naturwissenschaftlicher Forschung, die theosophische und später anthroposophische Arbeit «hinorientiert ... zu jener geschichtlichen Entwickelung innerhalb des menschlichen Erdendaseins, die ihren Mittelpunkt hat in dem Mysterium von Golgatha und in dem Christus-Impuls.»[71] Eine Frage im engeren Sinn nach der christlichen Kirche war damit aber nicht verbunden.

Die Thematik des Christentums warf dennoch Fragen auf, die auch von außen kamen, nach dem Verhältnis der Theosophischen Gesellschaft[72] zu den Kirchen und zur Theologie. Das war schon im Namen «Theosophie» begründet (*theos* – Gott; *sophia* – Weisheit) und seiner sprachlichen Nähe zur «Theologie». Beide Namen verbindet die Gottesfrage. Rudolf

Steiner verband mit dem Namen «Theosophie» aber etwas völlig anderes als theologische Inhalte. Schon in seinem «Glaubensbekenntnis» von 1892 finden sich die Sätze:

«Dieser Entwicklungsprozess [der Menschheit] ist das Darleben Gottes, und in dem schließlichen Endergebnis desselben ist die totale Wesenheit Gottes zur Erscheinung gekommen.»

«Die menschliche Entwicklung [ist] zugleich eine sittliche und zwar ein fortwährender Befreiungsprozess.»

Es geht bei der *Gottesfrage* also um die *Entwicklung des Menschen*, und diese Entwicklung wiederum hat die *Freiheit des Menschen* zum Ziel. Ganz in Übereinstimmung damit schreibt Rudolf Steiner im gleichen Jahr bei einem Gesellschaftsspiel als Antwort auf die Frage nach dem eigenen Lebensmotto:

«An Gottes Stelle den freien Menschen!!!»[73]

Schon 1904 hat sich Rudolf Steiner gegenüber einem tragenden Mitglied der Theosophischen Gesellschaft geäußert, welche Entwicklung für die kommende Zeit er im Auge habe:

«Christliche Mystik, Interpretation der christlichen Symbole usw. soll betrieben werden. Es wird unsere Aufgabe gewiss sein, Prediger, sogar katholische Priester für das esoterische Christentum zu gewinnen. An diesen wird es dann sein, die Esoterik einströmen zu lassen in ihre Lehren.»[74]

Die Arbeit der Kirche wird demnach nicht in Frage gestellt. Es geht allein darum, die Verkündigung in der Kirche aus der Theosophie heraus anzuregen. Ein Jahr später spricht er in einem öffentlichen Vortrag[75] deutlicher davon. Wichtige Motive sind dabei:

«Das esoterische Christentum» beziehungsweise die «Weisheit» der Theosophie, die zunächst beim Einzelnen eine innere Schulung voraussetzt, soll im Sinne einer erneuerten Theologie «in populärer Weise den Ausdruck finden», durch den sie von vielen Menschen aufgenommen werden kann. Die Orte, wo das geschehen könnte, sind die «Stätten, von denen Religion verkündigt werden soll», die schon bestehenden Kirchen. «Die Theosophie wird keine Religion in keiner Form bekämpfen. Der ist ein rechter Theosoph, der wünscht, dass einströmen kann die Weisheit in diejenigen, die berufen sind, zu der Menschheit zu sprechen, so dass nicht notwendig sein sollte, dass es Theosophen gibt, die etwas sagen über die unmittelbare religiöse Schau.»

Die wesentliche Aufgabe einer erneuerten «Theologie», die Rudolf Steiner der Kirche im 20. Jahrhundert zuspricht, liegt in der Verkündigung im Sinne einer entsprechenden Darstellung neuer geistiger Inhalte. Theosophie soll «in populärer Weise den Ausdruck finden», durch den sie von vielen Menschen aufgenommen werden kann. Die übrigen Ausgestaltungen eines religiösen Lebens sind dem gegenüber unwesentlich. «Die Theosophie wird keine Religion in keiner Form bekämpfen.» Es geht – bildlich gesprochen – um die «Kanzel» der Kirche, nicht um den «Altar». Deshalb hatte er auch Günther Wagner geschrieben: «Es wird unsere Aufgabe gewiss sein, Prediger, sogar katholische Priester für das esoterische Christentum zu gewinnen. An diesen wird es dann sein, die Esoterik einströmen zu lassen in ihre Lehren.»

Diese Sicht auf die Religion hat sich für Rudolf Steiner später wesentlich modifiziert. Im Zentrum des religiösen Lebens der Gegenwart steht dann nicht allein die «Kanzel», sondern das

Entscheidende wird sein, was am «Altar» geschieht. Das hat am 16. September 1922 zur Gründung der «Christengemeinschaft» geführt. Bevor alles begann, bei der Vorbesprechung am 6. September, sagte Rudolf Steiner, gewissermaßen als Eröffnungsmotiv: *«Es war mir von Anfang an klar bewusst, als diese Ihre Bewegung sich mir offenbarte, welcher Ernst gerade durch diese Ihre Bewegung gehen muss.»*

So stellt sich also die Frage: Wann war das, «als diese Ihre Bewegung sich mir offenbarte»? Was hat sich da verändert?

II.

Friedrich Rittelmeyer
«christlicher Priester
und Anthroposoph»

Friedrich Rittelmeyer um 1911

11. Religiöse Erneuerung –
auf Rittelmeyer kam es an

Rudolf Steiner war schon an das Krankenlager gebunden, als er im «Nachrichtenblatt»[76] vom 5. Oktober 1924 von dem zwei Wochen vorher beendeten letzten Kurs für die Priester (über die Apokalypse des Johannes) berichtete und damit zugleich einen Rückblick verband auf die Vorgänge, die zur Entstehung dieser Bewegung für religiöse Erneuerung geführt hatten. Dass der 5. Oktober 1924 mit dem zweiundfünfzigsten Geburtstag Friedrich Rittelmeyers zusammenfiel, war möglicherweise kein Zufall. Die diesbezüglichen Ausführungen Rudolf Steiners sollen hier wiedergegeben sein:

«Was als geistige Substanz durch die Priesterschaft der Christengemeinschaft strömt, ist ihr vor zwei Jahren innerhalb des seither abgebrannten Goetheanums aus der geistigen Welt durch meine Vermittlung gereicht worden. Dieses Darreichen war ein solches, dass die Christengemeinschaft gegenüber der Anthroposophischen Gesellschaft völlig *selbständig* dasteht. Es konnte bei der Begründung gar nichts anderes als eine solche Selbständigkeit angestrebt werden. Denn diese Bewegung für christliche Erneuerung ist *nicht* aus der Anthroposophie herausgewachsen. Sie hat ihren Ursprung bei Persönlichkeiten genommen, die vom Erleben im Christentum heraus, nicht vom Erleben in der Anthroposophie heraus einen neuen religiösen Weg suchten. Sie empfanden den Drang, in einem lebendigen Ergreifen des übersinnlichen Gehaltes des Christentums die Verbindung der Menschenseele mit ihrer ewigen Wesenswelt zu finden. Sie glaubten fest daran, dass es ein solches lebendiges Ergreifen geben müsse. Aber sie empfanden, dass die Wege, die sich ihnen gegenwärtig für die Erlangung des Priesteramtes öffnen, sie zu diesem Ergreifen *nicht* führen können. So kamen denn diese Zöglinge eines ehrlich und geistgemäß gemeinten Priestertums vertrauensvoll zu mir. Sie hatten Anthroposophie kennen gelernt. Sie waren überzeugt, dass ihnen Anthroposophie vermitteln könne, was sie suchten. Aber sie suchten nicht den anthroposophischen Weg, sie suchten einen spezifisch religiösen.

Ich verwies sie darauf, dass der Kultus und die ihm zugrunde liegende Lehre allerdings durch die Anthroposophie dargereicht werden können, trotzdem die anthroposophische Bewegung die Pflege des geistigen Lebens von anderen Seiten aus als ihre Aufgabe betrachten müsse.

Es gelang dann, an Dr. Rittelmeyer mit den Bestrebungen dieser Zöglinge eines geistig orientierten christlichen Priestertums heranzutreten. In ihm war eine Persönlichkeit vorhanden, die christlicher Priester *und* Anthroposoph im wahrsten Sinne des Wortes war. Er hatte, zwar ohne den Kultus, aber in weitem Sinne dem Geiste nach, die christliche Erneuerung in dem Wirken seiner Person dargelebt. Aus der Anthroposophischen Gesellschaft heraus für die christliche Erneuerung etwas darreichen, forderte wie selbstverständlich die praktische Frage heraus: wie wird Rittelmeyer das Dargereichte aufnehmen? Wie wird er sich zu der Verwirklichung des Gewollten stellen? Denn die anthroposophische Bewegung musste in Rittelmeyer das Vorbild einer Persönlichkeit sehen, die Christentum und Anthroposophie in der inneren Harmonie des Herzens und in der äußeren Harmonie des Wirkens vereint hatte.

Und Rittelmeyer sagte aus vollem Herzen heraus ‹Ja›. Damit war für die selbständige Bewegung für christliche Erneuerung ein fester Ausgangspunkt gewonnen. Und es konnte, was geschehen sollte, hier im Goetheanum vor zwei Jahren inauguriert werden …»[77]

Einige Gedanken in dieser Darstellung sind es wert, hervorgehoben zu werden:

Zunächst gilt, «dass die Christengemeinschaft gegenüber der Anthroposophischen Gesellschaft völlig *selbständig* dasteht.»

Dennoch gilt auch, «dass der Kultus und die ihm zugrunde liegende Lehre allerdings durch die Anthroposophie dargereicht werden» können. Diese «dem Kultus zugrunde liegende Lehre» kann als Keim einer neuen Theologie angesehen werden.

Schließlich hing alles von einer Persönlichkeit ab und ob sie «ja» sagen würde zu diesem Entstehungsprozess der religiösen Erneuerungsbewegung: Friedrich Rittelmeyer. Nur von ihm konnte man sagen, dass er geistig in vollem Sinne ein Repräsentant jener Strömung war, die Rudolf Steiner einmal die «Kirchenströmung» nannte[78], und zu gleicher Zeit in vollem Sinne innerhalb der anthroposophischen Geistesströmung stand. In ihm waren beide Strömungen tatsächlich «vereint».

Besonders auffallend ist es dann, dass Rittelmeyer – anders als es in der anthroposophischen Bewegung bisher immer war, wenn ein neuer Impuls sich realisieren wollte – keine Frage in Bezug auf religiöse Erneuerung an Rudolf Steiner richtete, sondern umgekehrt sogar gefragt werden musste – «und Rittelmeyer sagte aus vollem Herzen heraus ‹Ja›.» Die Initial-Frage hatte Johannes Werner Klein am 8. Februar 1920 an Rudolf Steiner gestellt. Damit konnte der Prozess beginnen. Aber um das Ziel zu erreichen, war mehr notwendig. Die besondere geistige Situation, wie sie von Rudolf Steiner in diesem Rückblick noch einmal charakterisiert wird, «forderte wie selbstverständlich die praktische Frage heraus: wie wird Rittelmeyer das Dargereichte aufnehmen?»

Die den Prozess auslösende Frage haben die Jungen gestellt. Von Rittelmeyer musste dann die entscheidende Antwort kommen, die Bereitschaft mitzumachen.

12. Friedrich Rittelmeyer und Rudolf Steiner

Als Rittelmeyer Rudolf Steiner am 28. August 1911 in München zum ersten Mal begegnete, war er schon ein bekannter evangelischer Prediger.[79] «Ich hatte mir eine kleine Reise so eingerichtet, dass ich sonntags an der theosophischen Sommertagung in München teilnehmen konnte.» Sein Freund Michael Bauer hatte das vermittelt. Es war am Vormittag: «Nach dem Vortrag sah ich, nicht ohne Lächeln, wie der gefeierte Mann kernbildend wirkte für einen Verehrerkreis. Er konnte kaum vorwärtskommen ... Damals ließ ich mich aber nicht abhalten, ihm doch auch selbst über den Weg zu gehen, und war gespannt, wie das ausgehen würde. Einem Wink meines Freundes Michael Bauer folgend, dankte ich dafür, dass man mich als Gast zugelassen hatte, und fragte, ob ich abends noch einmal kommen dürfe. Nur für einen ganz flüchtigen Augenblick sah mich Rudolf Steiner an ... Dann sagte er trocken: ‹Wenn Sie schon heute Vormittag da waren, können Sie auch heute Abend kommen›, und ging weiter. Das war mein erstes Gespräch mit ihm ...

Ein Vierteljahr später fand ich mich auf dem Weg zum Vortrag Steiners [am 1.12.1911] in Nürnberg: ‹Von Jesus zu Christus› ... Nach dem Vortrag bat ich Rudolf Steiner, ob ich ihn einmal sprechen könne.»[80]

Am nächsten Tag fand das Gespräch statt, von dem Rittelmeyer wieder berichtet: «Meine erste Anrede an Steiner kann für ihn nicht recht erfreulich gewesen sein. ‹Ihre okkulten Erkenntnisse›, sagte ich, ‹interessieren mich wenig. Ich habe im Religiösen meine Erlebnisse und sehe da unendliche Aufgaben vor mir. Auch habe ich auf dem okkulten Gebiet keine Begabung und fürchte ohnedies für meine Nerven. Aber ich möchte Sie gern über einiges fragen, was sich auf die Weiterentwicklung des Menschen bezieht.› ... Plötzlich fing er an: ‹Warum sagen Sie eigentlich, dass Sie für okkulte Dinge nicht begabt seien; ich wollte es vorhin schon sagen. Sie sind ganz gut dafür begabt.› Und nun kamen gleich vier Ratschläge für okkulte Übungen, als Antwort auf meine Frage nach der Weiterentwicklung des Menschen, Ratschläge, die mir allerdings sonderbar genug vorkamen. ‹Das ist Ihnen fremd. Aber es ist schon richtig.›

Als ich wieder auf der Straße stand, fragte ich mich: Was will eigentlich dieser Mann? Hat er einen Versuch gemacht, dich zum Anhänger zu gewinnen? Ich überdachte alles und musste mir sagen: Nein, nicht den geringsten. Aber die Übungen? Trittst du damit nicht ein in eine undurchschaute Welt? Begibst du dich nicht in Abhängigkeit von einem anderen? Gibt es nicht Suggestion? Magie? Vielleicht ist dies gerade der gefährlichste Versuch, dich in Gefolgschaft zu bringen! Einen ganzen Monat etwa bin ich nicht an die Übungen herangegangen. Dann siegte ein gewisses Pflichtgefühl. Du wirst nie über diese Dinge urteilen können, wenn du sie nicht kennst, sagte ich mir.»[81]

13. Die «Kirchenströmung» wird offenbar

Ein wichtiger Moment für Neues, das kommen will, ist der
«Blick», oft einfach der entscheidende Augenblick, vielleicht
aber auch der Blickkontakt zwischen Menschen: man erfasst
dann in einem Moment das Wesen eines Menschen, das Wesen
einer Sache, das Wesentliche.

Friedrich Rittelmeyer hatte sich als protestantischer Pfarrer
für Theosophie interessiert, um sie durch bessere Kenntnis
kompetenter widerlegen zu können. In diesem Unterfan-
gen blieb er aber auf halbem Weg gewissermaßen «hängen»
und suchte durch eine persönliche Begegnung mit Rudolf
Steiner damit weiter zu kommen. Er war äußerlich gesehen
der bekannte Prediger. Aber viel wichtiger und für den Verlauf der Begegnung vermutlich entscheidend war seine geis-
tig-schicksalhafte Identität, die offensichtlich bei diesem
Gespräch für Rudolf Steiner wahrnehmbar «anwesend»
war und möglicherweise auch sein ungewöhnliches Verhalten («... kamen gleich vier Ratschläge für okkulte Übungen ...»)
etwas erhellen könnte, ungefragt okkulte Ratschläge zu
geben. Rittelmeyer hatte kein Bewusstsein davon, aber vor
dem Gespräch eine vielleicht ahnungsvolle Frage gegenüber
Michael Bauer: «‹Es ist mir doch etwas unbehaglich zumute.
Wenn der Mann wirklich die Aura sieht?› Fein und vergnügt
lächelte Michael Bauer: ‹Der liebe Gott weiß es ja doch›, sagte

er. Da bäumte sich das Selbstgefühl auf. ‹Es ist mir überhaupt ganz einerlei, was der sieht. Der kann sehen, was er will›.»[82] Und offensichtlich «sah» Rudolf Steiner in Rittelmeyer auch den Repräsentanten der die Geschichte des Abendlandes prägenden «Kirchenströmung»[83]. Hier liegt wohl auch der Grund, dass Rudolf Steiner später schrieb: «[Das alles] forderte wie selbstverständlich die praktische Frage heraus: wie wird Rittelmeyer das Dargereichte aufnehmen? Wie wird er sich zu der Verwirklichung des Gewollten stellen?» Alles kam auf ihn an, ohne ihn wäre die Gründung einer neuen Kirche nicht möglich gewesen.

Man kann nun die Frage haben: Was ereignete sich, als diese beiden innerlich ganz verschieden orientierten Persönlichkeiten sich zum ersten Mal gegenüber saßen? Rudolf Steiners Wirken galt einem erneuerten, um die kosmische Dimension erweiterten und von kirchlich-dogmatischen Fesseln befreiten Christentum, das «größer als alle Religion» ist.[84] Rittelmeyer, der weite Menschenkreise erreichte, wirkte bewusst innerhalb seiner Kirche[85] erfolgreich als Prediger für ein die Menschen unmittelbar berührendes Christentum. Sollte Steiner in ihm nicht vielleicht einen jener Geistlichen sehen, von denen er schon ab 1904 gesprochen hatte, deren Aufgabe es werden könnte, innerhalb der an sich überholten Institution Kirche «die Esoterik einströmen zu lassen in ihre Lehren»? Stattdessen nimmt das Gespräch einen ungewöhnlichen Verlauf. Und ohne dass Rittelmeyer danach gefragt hätte, gibt Steiner ihm – entgegen seinem sonst stets völlig freilassenden Verhalten – «vier Ratschläge für okkulte Übungen». Und das war dann auch das Richtige, wie Rittelmeyer später schreibt. Er konnte an diesen Übungen «prüfen», was das Fundament von Steiners Lehre war und so allmählich das für ihn unerlässliche Vertrauen ausbilden.

Zwei Jahre später findet das nächste Gespräch statt, diesmal in Stuttgart. Steiner hatte eine gerade erschienene Veröffentlichung Rittelmeyers zur Kenntnis genommen (Chr. Geyer und F. Rittelmeyer, «Warum bleiben wir in der Kirche?») und kommentierte: «Ich habe es gelesen. Aber ich glaube doch nicht, dass es auf diese Weise geht.»[86] Was wäre nun nahe liegender gewesen als zu fragen: Wie könnte es dann gehen? Aber Rittelmeyer stellt diese Frage nicht.

Vier Jahre später – 1917 – ist Rittelmeyer bei einem Vortrag Rudolf Steiners in Berlin anwesend. Da macht Rudolf Steiner mitten im Vortrag unvermittelt einen thematischen Sprung: «Und ich glaube an dieser Stelle eine Einschaltung machen zu sollen, die wichtig ist, und die gerade von den Freunden unserer Geisteswissenschaft recht gut verstanden werden sollte. Man sollte nicht die Sache so darstellen, als ob geisteswissenschaftliche Bestrebungen ein Ersatz sein sollten für die religiöse Übung und das religiöse Leben. Geisteswissenschaft kann im höchsten Maße und insbesondere auch mit Bezug auf das Christus-Mysterium eine Stütze, eine Unterbauung des religiösen Lebens und der religiösen Übung sein; aber man sollte … sich klar sein darüber, dass Religion in ihrem lebendigen Leben, in ihrem lebendigen Geübtwerden innerhalb der menschlichen Gemeinschaft das Geistbewusstsein der Seele entfacht.»[87] Steiner deutet hier auf eine neue und andere Art des religiösen Lebens, wo nicht mehr die *Lehre* im Zentrum steht, in die dann «Esoterik» einströmen soll, sondern wo es unmittelbar um «Religion in ihrem lebendigen Leben, in ihrem lebendigen Geübtwerden» geht. Darin hat Steiner nie seine Aufgabe gesehen, sondern dieser Hinweis war ganz offensichtlich an den bei diesem Vortrag anwesenden Rittelmeyer gerichtet. Nach dem Vortrag wäre, wie immer, Gelegenheit gewesen zu fragen, welche Konsequenzen aus diesem Hinweis folgen könnten. Aber wieder unterließ es Rittelmeyer zu fragen. Im gleichen Jahr 1917, äußerte Steiner in einem Gespräch mit Rittelmeyer: «Ich muss mich in meiner Lebensaufgabe beschränken auf das Okkulte. Sonst komme ich nicht durch. Das Religiöse ist Ihre Aufgabe.»[88]

Rittelmeyers Aufgabe war «das Religiöse», d.h. innerhalb der *Kirchenströmung* die religiöse Erneuerung. Darauf wollte Steiner ihn hinweisen – aber noch konnte Rittelmeyer das nicht sehen und verstehen. Danach äußerte sich Steiner zu diesem Thema nicht mehr. Stattdessen kann auffallen, dass er in Vorträgen ab 1917 sich sehr viel häufiger deutlich kirchenkritisch äußert.[89]

Die Gründung der Christengemeinschaft ist – vielleicht in letzter Stunde – dann doch noch möglich geworden. Darüber ist schon verschiedentlich geschrieben worden.[90] Rittelmeyer konnte daran zunächst keinen aktiven Anteil nehmen. Durch die Folgen eines Sturzes in den Bergen war er ans Krankenlager gefesselt, von wo aus er die ersten Schritte, die jetzt von anderen gemacht wurden, begleitete. Dennoch war er der schicksalsmäßig vorbestimmte Mittelpunkt dieser nun neu entstehenden «Kirche» der christlichen Erneuerung – er konnte in dieser Aufgabe durch niemanden ersetzt werden. Und er hat sich dann rückhaltlos und bereitwillig unter persönlichen Opfern in diese Aufgabe gestellt. Davon spricht Rudolf Steiner im Rückblick: «Aus der Anthroposophischen Gesellschaft heraus für die christliche Erneuerung etwas darreichen, forderte wie selbstverständlich die praktische Frage heraus: wie wird Rittelmeyer das Dargereichte aufnehmen? Wie wird er sich zu der Verwirklichung des Gewollten stellen? ... Und Rittelmeyer sagte aus vollem Herzen heraus «Ja». Damit war für die selbständige Bewegung für christliche Erneuerung ein fester Ausgangspunkt gewonnen.»[91]

Die erste Menschenweihehandlung wurde am 16. September 1922 durch Friedrich Rittelmeyer vollzogen, das war die Geburt der Christengemeinschaft. Aber viele Jahre vorher schon «offenbarte»[92] sich Rudolf Steiner diese Bewegung. Das war wie ein «Blickkontakt» mit dem Unerwarteten, ein Erkennen oder eine Empfängnis. Von da an verfolgte Rudolf Steiner nicht mehr das früher einmal beschriebene Ziel:

«Das esoterische Christentum» beziehungsweise die «Weisheit» der Theosophie, die zunächst beim Einzelnen eine innere Schulung voraussetzt, soll im Sinne einer erneuerten Theologie «in populärer Weise den Ausdruck finden», durch den sie von vielen Menschen aufgenommen werden kann.

Die Orte, wo das geschehen könnte, sind die «Stätten, von denen Religion verkündigt werden soll», die schon bestehenden Kirchen.

Diesen Weg war Rittelmeyer ja erfolgreich gegangen! Nun «sah» Rudolf Steiner aber ganz neu einen anderen Weg, der nicht sein Weg war innerhalb der theosophischen / anthroposophischen Arbeit. für den er aber doch die Verantwortung hatte, ihn *für Andere* gangbar zu machen. Es geht bei diesem anderen Weg jetzt nicht mehr allein um die «Kanzel», als dem Ort, von wo dann die «Weisheit» der Theosophie (Anthroposophie) in populärer Weise den Ausdruck finden soll und durch den sie dann von vielen Menschen aufgenommen werden kann, sondern jetzt geht es um eine religiöse Erneuerung, die sich in erster Linie auf den «Altar» bezieht, indem «der Kultus und die ihm zugrunde liegende Lehre allerdings durch die Anthroposophie dargereicht werden können», auch wenn dieser Weg der religiösen Erneuerung nicht durch die Anthroposophie *angeregt* wird – im Unterschied zu dem früher angeregten Weg.

Wann war dieses Ereignis, wo Rudolf Steiner ganz neu diesen anderen Weg, der nicht sein Weg war, «sah»? Es spricht alles dafür, an den Augenblick zu denken, als Rudolf Steiner und Friedrich Rittelmeyer sich zum ersten Mal im Gespräch begegnet sind. Das war in Nürnberg am 2. Dezember 1911. Und es war wie die «Empfängnis» des Wesens der Christengemeinschaft. Elf Jahre später, am 16. September 1922, konnte sich endlich die «Geburt» ereignen. In beide Ereignisse war Friedrich Rittelmeyer «entscheidend» einbezogen.

III.

Hugo Schuster
«etwas von dem vorausnehmend, was sich später in der Christengemeinschaft verwirklichen sollte»

Hugo Schuster 1923

14. Der Weg zur «neuen Kirche»

Der Weg, der schließlich zur Gründung der Christengemeinschaft führen konnte, gründet sich ganz wesentlich auch auf
den biografischen Weg Rudolf Steiners. Der sei noch einmal
in den wesentlichen Stufen nachgezeichnet.

Ab seinem 21. Lebensjahr geht Rudolf Steiner einen ganz
eigenen «Erkenntnisweg», wovon das wesentliche Zeugnis
sein Brief vom 20. Juni 1882 an Friedrich Theodor Vischer
ist. Auf diesem Weg findet er den gedanklichen Schlüssel,
um Goethe zu verstehen, dessen Art von Natur-Erkenntnis
seinem eigenen Ansatz entspricht. Den «eigenen» Weg geht
er aber in gewisser Weise schon ab seinem 10. Lebensjahr. Da
gab es den geliebten Pater, den Vertreter der Kirche. Und es
gab zuhause den geachteten Vater, der «Freigeist» war. Da
trennte sich der 10-Jährige von Kirche und Pater und entschied sich für den Vater, dessen Lebensorientierung für ihn
nun maßgebend sein sollte.

Mitte seiner zwanziger Jahre vollzog er die Trennung von
der Kirche und ihren Lehr-Inhalten bewusst, was der 10-Jäh-
rige noch halbbewusst tat. In einem Gespräch stellte ihm
Rittelmeyer einmal die Frage: «Haben Sie denn immer so
über Christus gedacht, wie Sie heute denken, auch in Ihrer
naturwissenschaftlichen Zeit?» Seine Antwort: «Ich erinnere
mich, dass ich schon in der Mitte meiner zwanziger Jahre

[etwa 1885] in einem Gespräch über Christus so sprach. Dann allerdings ist es vorübergehend zurückgetreten, Ich musste durch alles das hindurch. Es war eine karmische Notwendigkeit.»[93] So ging er also seinen eigenen Erkenntnisweg, der ihn zuletzt an der Jahrhundertwende an den entscheidenden Punkt seiner Biografie führte: «In der Zeit, in der ich die dem Wort-Inhalt nach Späterem so widersprechenden Aussprüche über das Christentum tat, war es auch, dass dessen wahrer Inhalt in mir begann keimhaft vor meiner Seele als innere Erkenntnis-Erscheinung sich zu entfalten. Um die Wende des Jahrhunderts wurde der Keim immer mehr entfaltet ... Auf das geistige Gestanden-Haben vor dem Mysterium von Golgatha in innerster ernstester Erkenntnis-Feier kam es bei meiner Seelen-Entwickelung an.»[94]

Hervorzuheben ist hier, dass Rudolf Steiner einen Weg gegangen war, dem nicht die «christlicher Lehre», zugrunde lag, sondern im Gegenteil: diese Lehre musste sogar «vorübergehend zurückgetreten». Er ging seinen eigenen *philosophischen Erkenntnisweg*, dessen Orientierung in dem Satz ausgedrückt ist, den er tatsächlich «in der Mitte meiner zwanziger Jahre» formuliert hatte: «Das Gewahrwerden der Idee in der Wirklichkeit ist die wahre Kommunion des Menschen.»[95] Und dann führt ihn dieser ganz eigene Weg zuletzt zur entscheidenden *Erkenntnis-Feier*:

«Das geistige Gestanden-Haben vor dem Mysterium von Golgatha.»

Sein «Glaubensbekenntnis» von 1892, in dem er ganz aus der Erkenntnis heraus zu Begriffen kommt, wie «Gott», «menschliche Entwicklung», Freiheit, Moralität (Sittlichkeit), ist wichtige Zwischenstufe auf diesem Weg, der nicht der Weg der Kirche ist. Und wenn dieser Weg bis zu der entscheidenden Christus-Erfahrung geführt hat, so steht das nicht wie im Mittelalter in Zusammenhang mit mystischer Vertiefung in die Evangelien, sondern geht aus geistiger Erkenntnis hervor als einem «Gewahrwerden der Idee in der Wirklichkeit». Rudolf Steiner kann dann über das Christentum sprechen, ohne sich auf die Evangelien als Quelle zu beziehen – im Gegenteil: gerade weil er auf seinem Weg nicht *von den Evangelien* ausgegangen war, wird es ihm möglich, in den folgenden Jahren über die Evangelien zu sprechen und einen weitreichenden Verständnis-Zugang zu den Evangelien zu vermitteln.

Den Weg der Kirche, der von den Evangelien ausgeht, hat er dann gleichermaßen klar in seinem Charakter als Glaubensweg beschrieben. In dem schon bald nach der Jahrhundertwende 1902 veröffentlichten Buch «Das Christentum als mystische Tatsache» finden sich die entsprechenden Darstellungen. «Nicht das, wozu der Geist eines jeden Einzelnen lange vorbereitet werden muss, war nunmehr allein maßgebend; sondern, was die gehört und gesehen haben, die um Jesus waren; und was durch sie überliefert ist ... Und dieses unmittelbar Wirkliche soll als ein lebendiges Band alle Generationen umfassen; es soll als Kirche mystisch von Geschlecht zu Geschlecht sich weiterschlingen. So sind die Worte Augustinus' zu verstehen: ‹Ich würde dem Evangelium nicht glauben, wenn mich die *Autorität* der katholischen Kirche nicht dazu bewegte.› Nicht in sich also haben die Evangelien ein Erkennungszeichen für ihre Wahrheit; sondern man soll sie glauben, weil sie sich auf Jesu Persönlichkeit gründen; und weil die Kirche von dieser Persönlichkeit her auf geheimnisvolle Weise die Macht ableitet, sie als Wahrheit erscheinen zu lassen.»[96] Nicht auf den Einzelnen und auf das, «wozu der Geist eines jeden Einzelnen lange vorbereitet werden muss», kommt es an, sondern was von denen, «die um Jesus waren ... überliefert» ist. Das ist als «unmittelbar Wirkliches» gegeben. Zu dieser Wirklichkeit der überlieferten Evangelien gibt es keinen Erkenntnisweg, sondern allein die geforderte Glaubensbeziehung Aller, die zur Kirche gehören. Die Kirche allein hat die Macht, die Wirklichkeit der Evangelien «im Glauben» erscheinen zu lassen.

Dieser «Weg der Kirche» hat sich nach dem Ende des Urchristentums[97] immer eindeutiger ausgestaltet mit verschiedenen Schwerpunkten im Lauf der Jahrhunderte. Das soll uns noch beschäftigen. Unserer heutigen Zeit mit ihrer Dynamik der Individualisierung ist dieser «Weg der Kirche» zum Christentum letztlich weitgehend verschlossen. Vor diesem Hintergrund lässt sich verstehen, wie Rudolf Steiner zu Anfang des 20. Jahrhunderts das Verhältnis der Theosophie zu den Kirchen beschrieb. Grundsätzlich will die Theosophische Gesellschaft mit den Kirchen zusammenarbeiten und sie als Institution nicht in Frage stellen. Aber es geht dabei nicht um das religiöse Leben, das in den Kirchen gepflegt wird, daran kann die Theosophie nicht anschließen, es geht um die Verkündigung, um das Wirken von der *Kanzel*. Da können durch die Theosophie neue Impulse kommen. Die Kirchen würden so für die Weisheitslehre der Theosophie ein besonderes Instrument sein.

Man kann nicht davon ausgehen, dass Rittelmeyer diese Gedanken Steiners kannte, als er am 2. Dezember 1911 ihm zum ersten Mal im Gespräch gegenüber saß. Und doch war es die Predigt, die für ihn an vorderster Stelle seines Berufs-Ethos stand vor dem Hintergrund einer entsprechenden – zunächst liberalen – Theologie, um die er rang und nach der er immer neu auf der Suche war. «Dem Ringen um religiöse Erneuerung hatte mein innerstes Interesse gegolten.»[98] Das war Ende 1910 – da bekam er den Auftrag, einen öffentlichen Vortrag über die religiösen Strömungen der Gegenwart zu halten. So entstand für ihn der Anlass, sich nun auch mit der von ihm bisher wenig geschätzten «Theosophie» gründlicher zu beschäftigen. Wenn Rittelmeyer in der Folge dieses Anfangsgespräches mit Steiner einen inneren Zugang zur Theosophie bekommen würde, wäre er ja – im Sinne dieser von Steiner schon sieben Jahre vorher geäußerten Gedanken – auf der *Kanzel* der berufene Vertreter dieser neuen Weisheit gewesen. Sollte das Steiner anders gesehen haben? Wie gesagt, man kann kaum davon ausgehen, dass Rittelmeyer diese Gedanken Steiners kannte, aber es erscheint so, als ob er sie wie «unbewusst» gekannt und sich mit ihnen identifiziert hätte. Eine in ihm schnell heranreifende Anerkennung und damit verbunden Wertschätzung, die er Rudolf Steiner dann als Lehrer entgegenbrachte, stehen bei ihm auf der einen Seite. Auf der anderen Seite hatte er offensichtlich ein sicheres Gefühl, dass er in der konkreten Ausgestaltung seiner Beziehung zur Anthroposophie auf dem richtigen Weg sei, besonders auch in seiner Arbeit von der Kanzel als Prediger, der eine große Ausstrahlung hatte und viele Menschen erreichte. In dem Bericht, den Rittelmeyer von diesem ersten Gespräch gibt, kann man nicht erkennen, dass Rudolf Steiner in die gleiche Richtung blickte. Eher schaute er in eine ganz andere Richtung, die Rittelmeyer noch fremd war.

Zwei Jahre später wurde Rittelmeyers Wirken in der Kirche von Rudolf Steiner deutlich thematisiert und sogar in Frage gestellt – auch hier war er, wie schon beim ersten Gespräch, Rittelmeyer gegenüber erstaunlich offen. Rittelmeyer schildert diese Begegnung, die er 1913 auf einer Durchreise in Stuttgart mit Steiner hatte. Im Verlauf des Gespräches kam Steiner von sich aus auf die Schrift zu sprechen, die Rittelmeyer zusammen mit seinem Nürnberger Kollegen und Freund Christian Geyer verfasst und ihm zugeschickt hatte: *Warum bleiben wir in der Kirche?* Steiner sagte: «Ich habe es gelesen, aber ich glaube doch nicht, dass es auf diese Weise geht.»[99] – Wie kommt Steiner ausgerechnet Rittelmeyer gegenüber zu diesem Urteil? Dieser entspricht doch ganz dem Bild, das Rudolf Steiner gezeichnet hatte von den Kanzelrednern, die Theosophie in ihre Verkündigung einfließen lassen. Rudolf Steiner hatte aber offensichtlich inzwischen ein verändertes Bild von dem Verhältnis zwischen Theosophischer Bewegung und den Kirchen. Und Rittelmeyer schreibt zu dieser Antwort Steiners: «Da hätte ich fragen sollen: Warum nicht?» Aber er hat keine Frage gestellt.

Dann kam der Ruf nach Berlin an die «Neue Kirche», wo Rittelmeyer Mitte 1916 begann. Seine Predigt-Wirksamkeit in Berlin war in ihrer Ausstrahlung noch einmal eine Steigerung gegenüber Nürnberg – und die örtliche Nähe zu Rudolf Steiner brachte eine weitere Vertiefung in die Anthroposophie. Seine berufliche Arbeit war kein Thema in den Gesprächen mit Rudolf Steiner, da hatte er keine Fragen. Als er ihn aber einmal auf dem Weg zum Vortrag traf «und ein paar Schritte begleitete, fing er an: ‹Ich muss mich in meiner Lebensaufgabe beschränken auf das Okkulte. Sonst komme ich nicht durch. Das Religiöse ist Ihre Aufgabe.› Auch dies fasste ich damals als Ermutigung auf, meinen Weg weiter zu gehen. Heute sehe ich ..., wo ich hätte weiterfragen sollen.»[100] Was meinte Rudolf Steiner mit «das Religiöse»? Offensichtlich deutete er da inzwischen auf etwas anderes, als allein das Wirken von der *Kanzel*, dem Rittelmeyer ja in vollem Umfang wirkungsvoll nachging. Seit dem ersten Gespräch mit Rittelmeyer 1911 hatte sich Rudolf Steiners Blick auf die Kirchenströmung geändert. Das Bild einer zuende gehenden Wirklichkeit, die man sich selbst überlassen muss und allenfalls noch im Wirken von den Kanzeln mit dem Neuen der Theosophie/Anthroposophie verbinden kann, verwandelte sich in das Bild einer innerhalb der Kirchenströmung vom Zeitgeist geforderten ganz eigenständigen religiösen Erneuerung, aber außerhalb der Kirchen! Da aber stellt sich die Frage: Welchen *Inhalt* soll dann diese religiöse Erneuerung – «das Religiöse» – haben? Rudolf Steiner ist unbeirrt den *Erkenntnisweg zur Wirklichkeit* gegangen, der ihn zuletzt zum inneren Erlebnis des Stehens «vor dem Mysterium von Golgatha in innerster ernstester Erkenntnis-Feier» führte. So zeigt sich Anthroposophie als Erkenntnisweg zu Christus.

Wie aber wäre nun entsprechend das Wesen des erneuerten religiösen Lebens zu beschreiben? Selbst vor dem Hintergrund der Gespräche mit Rittelmeyer, die diese Frage – «Das Religiöse ist Ihre Aufgabe.» – berührten, gab es von Rudolf Steiner dafür bisher keinen Hinweis. Es gab die von ihm schon geäußerten Gedanken über das Verhältnis zu den Kirchen, auch wenn sie noch aus der Zeit stammten vor 1911, vor seinem ersten Gespräch mit Rittelmeyer. Niemand hat Rudolf

Steiner eine entsprechende Frage gestellt, die in eine andere Richtung weisen würde. Die Antwort lag, man möchte sagen, auch für ihn noch im Dunkel. Und Rittelmeyer hatte noch kein Bewusstsein seiner eigen entscheidenden Aufgabe, die sich in seiner Biografie schon abzeichnete, und auf die Rudolf Steiner in seinem Rückblick hinweist: «Er hatte … in weitem Sinne dem Geiste nach die christliche Erneuerung in dem Wirken seiner Person dargelebt.» Aber für dieses Wesen der christlichen Erneuerung war Rittelmeyer eben noch nicht aufgewacht.

Dann kommt – man muss wohl sagen: unerwartet in Bezug auf Zeit und Situation – der Moment, wo Rudolf Steiner von sich aus und ohne dass eine entsprechende Frage an ihn gestellt worden wäre, dieses Wesen der religiösen Erneuerung und damit zugleich die Bedeutung der Kirchenströmung für unsere Zeit, durch klare Begriffe charakterisiert. Das geschieht innerhalb einer Vortragsreihe, die diese Frage gar nicht zum Thema hatte («Kosmische und menschliche Metamorphose»), zu der die Zuhörer deshalb auch nicht mit dieser Frage gekommen waren und wo Rudolf Steiner deshalb die Behandlung dieser Frage eine «Einschaltung» nannte. Man wird davon ausgehen können, dass Rittelmeyer bei diesem Vortrag am 20. Februar 1917 anwesend war, wie schon im vorangehenden Kapitel angedeutet.

«Und ich glaube an dieser Stelle eine Einschaltung machen zu sollen, die wichtig ist, und die gerade von den Freunden unserer Geisteswissenschaft recht gut verstanden werden sollte. Man sollte nicht die Sache so darstellen, als ob geisteswissenschaftliche Bestrebungen ein Ersatz sein sollten für die religiöse Übung und das religiöse Leben. Geisteswissenschaft kann im höchsten Maße und insbesondere auch mit Bezug auf das Christus-Mysterium eine Stütze, eine Unterbauung des religiösen Lebens und der religiösen Übung sein; aber man sollte Geisteswissenschaft nicht geradezu zur Religion machen, sondern man sollte sich klar sein darüber, dass Religion in ihrem lebendigen Leben, in ihrem lebendigen Geübtwerden innerhalb der menschlichen Gemeinschaft das Geistbewusstsein der Seele entfacht. Soll dieses Geistbewusstsein im Menschen lebendig werden, so kann der Mensch nicht bei abstrakten Vorstellungen von Gott oder Christus stehen bleiben, sondern er muss immer erneut in der religiösen Übung, in der religiösen Betätigung, die ja für die verschiedenen Menschen die verschiedensten Formen annehmen kann, darinnenstehen als in etwas, was ihn als ein religiöses Milieu umgibt, was als ein religiöses Milieu zu ihm spricht. Und ist dieses religiöse Milieu tief genug, findet dieses religiöse Milieu die Mittel, die Seele genügend anzuregen, so wird diese Seele schon Sehnsucht empfinden, gerade dann Sehnsucht empfinden auch zu jenen Vorstellungen hin, welche in der Geisteswissenschaft entwickelt werden. Ist in objektiver Beziehung Geisteswissenschaft ganz sicherlich eine Stütze der religiösen Erbauung, so ist in subjektiver Beziehung heute die Zeit gekommen, von der wir sagen müssen, dass ein recht religiös empfindender Mensch gerade durch das religiöse Empfinden hingetrieben wird, auch zu erkennen. Denn im religiösen Empfinden wird das Geistbewusstsein, in der Geisteswissenschaft die Geist-Erkenntnis, so wie in der Naturwissenschaft die Naturerkenntnis, errungen; und das Geistbewusstsein führt zu dem Drange, Geist-Erkenntnis sich zu erwerben. Subjektiv kann man sagen, dass gerade ein inniges religiöses Leben den heutigen Menschen zur Geisteswissenschaft treiben kann.»[101]

Für die religiöse Erneuerung ist das nun die erste Charakterisierung durch Rudolf Steiner im Sinne einer positiv beschreibbaren geistigen Aufgabe für unsere Zeit. Wichtige Motive sind:
Im religiösen Empfinden wird das *Geistbewusstsein* errungen.

Religiöse Übung und religiöse Betätigung können für die verschiedenen Menschen *die verschiedensten Formen* annehmen.

Der Mensch kann nicht bei abstrakten Vorstellungen von Gott oder Christus stehen bleiben, sondern für die religiöse Übung und religiöse Betätigung bedarf es eines *religiösen Milieus*, das ihn umgibt und zu ihm spricht.

Geisteswissenschaft (Geisterkenntnis) und Geistbewusstsein stehen heute in gegenseitiger Beziehung zueinander:
«Ist in objektiver Beziehung Geisteswissenschaft ganz sicherlich eine Stütze der religiösen Erbauung, so ist in subjektiver Beziehung heute die Zeit gekommen, von der wir sagen müssen, dass ein recht religiös empfindender Mensch gerade durch das religiöse Empfinden hingetrieben wird, auch zu erkennen.»

Der «Weg der Kirche», der *Weg zu Christus durch die Evangelien*, der nach der Zeit des Urchristentums sich immer mehr veräußerlichte, so dass zuletzt die Kirche für die Evangelien sogar «auf geheimnisvolle Weise die Macht ableitet, sie als Wahrheit erscheinen zu lassen», kann heute durch die Anthroposophie als *«Erkenntnisweg» zu Christus* endgültig abgelöst werden. Eine Aufgabe in Bezug auf den «Weg der Kirche» sah Rudolf Steiner zu Beginn des Jahrhunderts allein in Bezug auf die Predigttätigkeit von der Kanzel. Das eigentliche religiöse Leben der Kirche blieb davon unberührt. Erst in der Begegnung mit Rittelmeyer 1911 «sah» er dessen Aufgabe der Kirche gegenüber in einer größeren Dimension und damit verbunden die Perspektive einer religiösen Erneuerung außerhalb der Kirche. Das war völlig neu und nicht die Aufgabe und Verantwortung Rudolf Steiners. Zugleich sah er aber auch, dass die entscheidenden Orientierungen und Hilfen dafür «durch die Anthroposophie dargereicht werden können, trotzdem die anthroposophische Bewegung die Pflege des geistigen Lebens von anderen Seiten aus als ihre Aufgabe betrachten müsse.» Alles hing nun davon ab, ob und wann Rittelmeyer für seine Aufgabe erwachen würde. Zuletzt gab Rudolf Steiner noch die entscheidende geistige Orientierung über die unserer Zeit entsprechende Aufgabe des religiösen Lebens: «Im religiösen Empfinden wird das Geistbewusstsein errungen.»

Im Unterschied zu dem von Rudolf Steiner sehr häufig gebrauchten Wort «Geisterkenntnis», hat das Wort «Geistbewusstsein» einen besonderen Stellenwert. In dem betreffenden Vortrag am 20.2.1917 gebraucht er dieses Wort überhaupt zum ersten Mal. Mit «Geistbewusstsein» soll offensichtlich etwas zum Ausdruck gebracht werden, was bis dahin von ihm noch nicht thematisiert worden ist. Das kann ein weiterer Hinweis sein, dass Rudolf Steiner tatsächlich mit diesem Thema ein neues Gebiet erschloss, seit wenigen Jahren erst.

Mit der Beschreibung ihrer geistigen Aufgabe hatte die religiöse Erneuerung als Wirklichkeit des «Religiösen» in unserer Zeit durch Rudolf Steiner ihren «Namen» bekommen:

Im religiösen Empfinden das «Geistbewusstsein» erringen. Man ahnt, welche zeithistorische Dimension in den Worten liegt, die er zu Rittelmeyer sprach: «Das Religiöse ist Ihre Aufgabe.» Weiteres folgt nicht mehr. Auch jetzt sieht Rittelmeyer seine Aufgabe nicht, die Steiner so deutlich vor Augen steht. Die Frage bleibt deshalb offen: Wie kann die religiöse Erneuerung eine Wirklichkeit dieser Welt werden? Welche konkreten Formen des religiösen Lebens sollen und können jetzt entstehen?

Das war die Situation im Jahr 1917. Ein Jahr später: «Nach zweijähriger Tätigkeit in Berlin verunglückt Friedrich Rittelmeyer am 1. August 1918 in der Fränkischen Schweiz. Sein Sohn stolperte und stürzte bei einer Wanderung nahe Ebermannstadt. Der Vater wollte ihn halten und stürzte dabei selber. Ein Felsbrocken rollte ihm nach, streifte und verwundete seinen Kopf. Mit gebrochenem Bein musste er ins Krankenhaus eingeliefert werden. Über ein Jahr später, ab Weihnachten 1919 zeigten sich Spätfolgen der Kopfverletzung. Ab Mai 1920 war der Beurlaubte für zehn Monate zur Erholung ...»[102]

Jetzt fällt unser Blick auf die dritte Gestalt, die auf der Schicksalsbühne der religiösen Erneuerung erscheint und zu Rudolf Steiner und Friedrich Rittelmeyer hinzutritt: Hugo Schuster. Er wird eine ganz eigene, vielleicht sogar eigenartige Rolle spielen und – ohne es bewusst zu «wollen» – im entscheidenden Moment das Tor öffnen für den eigentlichen *geistigen Inhalt* der religiösen Erneuerung im 20. Jahrhundert. Es beginnen sich die konkreten Formen des erneuerten religiösen Lebens zu bilden.

15. Hugo Schuster

Wenige Monate nach Hugo Schusters Tod[103] schreibt Marie Steiner im Rückblick auf den Aufbau der anthroposophischen Arbeit in der Schweiz: «In der neu beginnenden Arbeit war zunächst die treibende und auf Zusammenschluss drängende Kraft der mit lebhafter Initiative begabte, nun auch verstorbene Hugo Schuster. Er starb als Pfarrer der altkatholischen Kirche, so etwas von dem vorausnehmend, was sich später in der Christengemeinschaft verwirklichen sollte.»[104] Hugo Schuster war – etwa von seinem 28. Lebensjahr an – ein Pionier der Anthroposophie, der sich bewusst und mit großer seelischer Hingabe in den Dienst der Sache stellte. Nach seinem 42. Lebensjahr wurde er durch objektiv wirkendes Schicksal, ohne Intention und für ihn selbst kaum bewusst, auch ein Pionier der Christengemeinschaft.

Er wurde am 7. Februar 1876 in St. Gallen als vierter einer sechsköpfigen Kinderschar geboren, bis auf eine jüngere Schwester alles Brüder. Der Vater hatte eine große Teppichhandlung, wodurch der berufliche Werdegang Hugo Schusters zunächst einmal festgelegt war: er machte eine kaufmännische Ausbildung durch mit Stationen in Vevey, Bradford, Stuttgart und Basel. Er war aber in diesem Beruf alles andere als glücklich. Schon beim Kind war eine ganz andere Richtung erkennbar. So finden sich in dem Lebensgang, den seine Schwester nach seinem Tod aufgeschrieben hat, charakteristische Hinweise: «Trotz des sonnigen Heims im Schönbühl, bedurfte das zarte Kindlein außergewöhnlicher Sorge und Pflege. Körperlich und seelisch äußerst zart gebaut, ging er lauten Spielen gern aus dem Wege, verweilte mit Vorliebe bei Büchern und Farben, während sich die Geschwister im Freien tummelten. […] Früh trat sein Hang zum Mystischen in seinen Spielen hervor. Sein tiefes religiöses Gefühl und sein Verlangen, helfen zu können, zeigte sich … in dem brennenden Wunsche, als Missionar Licht in die Heidenwelt tragen zu dürfen. Leider scheiterte die Ausführung dieses Wunsches an seiner körperlichen Schwäche.»[105]

Als er etwa 27-jährig nach St. Gallen zurückkehrt, schließt er sich dort einer kleinen theosophischen Arbeitsgruppe an, die schon viele Jahre unter der Leitung von Otto Rietmann existierte. Man hatte aber damals noch nicht genügend Notiz davon genommen, dass durch die Arbeit der kurz zuvor (1902) von Rudolf Steiner gegründeten und geleiteten Deutschen Sektion ein ganz neuer Wind in der Theosophischen Gesellschaft zu wehen begonnen hatte. Daran nun suchte Hugo Schuster intensiv Anschluss zu gewinnen. So wandte er sich zunächst an Marie Steiner (damals noch: von Sievers) mit der Intention, Rudolf Steiner zu Vorträgen in die Schweiz einzuladen. Am 8. und 9. September 1905 war es schließlich möglich geworden, dass Rudolf Steiner in St. Gallen sprach, öffentlich («Gegenwartsaufgaben – die Botschaft der Theosophie») und für einen intimeren Kreis («Über unser Planetensystem»). Am 9. September wurde Hugo Schuster dann Mitglied der Theosophischen Gesellschaft / Deutsche Sektion. Damit war in St. Gallen ein Prozess in Gang gekommen,

der wenig später, am 1. Januar 1906, zur Gründung des Ekke-
hard-Zweiges führte (unter der weiteren Leitung von Otto
Rietmann). In ähnlicher Weise war Hugo Schuster in Basel
und Bern wirksam, auch da entstanden Zweige. In Basel war
Schuster unter den 15 Gründungsmitgliedern des Paracel-
sus-Zweiges, zusammen mit Rudolf und Elisabeth Geering-
Christ, mit denen ihn eine lebenslange Freundschaft verband.
Durch viele Jahre – mindestens in der Zeit von 1909 bis 1913 –
lebte er in ihrem Haus «Im Wiesengrund» bei ihnen. Es ist
bemerkenswert, dass die Evangelienbetrachtungen Rudolf
Steiners, die in Deutschland mit dem Johannes-Evange-
lium begonnen hatten, nun in diesen neuen Zweigen in der
Schweiz fortgesetzt wurden: in Basel 1909 über das Lukas-
Evangelium und 1912 über das Markus-Evangelium, in Bern
1910 über das Matthäus-Evangelium. Mit Sicherheit hat Hugo
Schuster diese Zyklen, wie auch viele andere Vorträge Rudolf
Steiners in diesen Jahren in der Schweiz, miterlebt, womöglich auch mit initiiert und – jedenfalls in Basel – auch mitver-
antwortlich vorbereitet.

1913 kam eine große Wende in sein Leben. Er war 37 Jahre
alt und stand im zweiten «Mondknoten» seiner Biografie. Da
gab er seinen bisherigen Beruf auf, um in einem vergleichs-
weise fortgeschrittenen Alter noch Theologie zu studieren.
Im Wintersemester 1913 begann er das Studium an der christkatholischen Fakultät[106] der Universität Bern und machte
1918 das theologische Examen. Am 23. Juli 1918 empfing er
die Priesterweihe, gefolgt von einer einjährigen Vikariatszeit
in Basel.

Noch in die Vikariatszeit in Basel fällt die Bitte von Rudolf
Hahn, dem Stenographen vieler Vorträge Rudolf Steiners,

die Bestattung für seine Frau Marie Hahn zu halten. Der christkatholischen Kirche gehörte er ebenso wenig an wie seine Frau, sondern hatte als Anthroposoph Rudolf Steiner gebeten, bei der Bestattung seiner Frau zu sprechen. Dieser machte aber zur Bedingung, dass der Ansprache eine kirchliche Bestattungshandlung vorausgehen solle. So wandte sich Rudolf Hahn an den Anthroposophen Hugo Schuster. Dieser hielt dann die Bestattung – zwei Monate nach seiner Priesterweihe – am 22. September 1918 in Anwesenheit Rudolf Steiners. Wie Hahn später berichtete, fand Rudolf Steiner das christkatholische Ritual doch eigentlich «gar zu kläglich», da müsse im Grunde etwas Neues entstehen. Wenige Wochen später verstarb das anthroposophische Mitglied Marie Leyh. Wieder wurde Hugo Schuster gebeten, die Bestattung zu halten. Sie fand am 14. Januar 1919 in Arlesheim statt. Und jetzt verwendet Schuster – als altkatholischer Priester – ein vollständig neues Ritual, das ihm von Rudolf Steiner übermittelt worden war. Ein Tor war damit geöffnet worden, durch das nun ein Strom neuer und unserer Zeit entsprechender Kultushandlungen zu fließen begann. Obwohl die Christengemeinschaft erst 1922 gegründet wurde, war dieses 1919 übermittelte Bestattungsritual, wie Rudolf Steiner später sagte, schon «ausgebildet im Sinne unserer Christengemeinschaft».[107] Hugo Schuster ist nun der erste, noch vor Herbert Hahn[108] und Friedrich Rittelmeyer, der – ohne erkennbare eigene Intention – handelnd in diesem neuen Kultusstrom steht, in engster Zusammenarbeit mit Rudolf Steiner. Ein unbewusster Pionier! Noch zwei weitere Male hat Rudolf Steiner mit Hugo Schuster in ähnlichem Sinne zusammengearbeitet: bei der Bestattung von Johanna Peelen am 12. Mai

1920 und von Caroline Wilhelm am 27. Oktober 1920. Es ist denkbar, dass Hugo Schuster auch sonst innerhalb seiner Gemeinde Bestattungen mit dem neuen Ritual gehalten hat. Genaueres darüber wissen wir aber nicht. Es kann aber im übrigen als sicher gelten, dass der anthroposophische Hintergrund Schusters in seiner Gemeinde nicht bekannt war.

Nach Ablauf seines Vikariats in Basel bekam Schuster in Magden im Kanton Aargau eine vorläufige eigene Pfarrstelle. Am 31. August 1919 wurde er dort zum Pfarrverweser gewählt. Sein Wirken war eindrucksvoll, stark vom Gemüt und Willen geprägt und durchaus missionarisch. Ausgerechnet in einem Dorf, das größtenteils vom Kirschanbau und der Schnapsbrennerei lebte, eröffnete er, unterstützt vom kommunistischen Dorfschullehrer, einen Feldzug gegen Alkoholismus, der Erfolg hatte (so wurde etwa die Sitte beendet, dass die Gemeinde den Schülern beim Schulausflug Freibier spendete!) und sogar bei manchen Alkoholabhängigen Anerkennung und Unterstützung fand. Aber selbstverständlich gab es auch großen Widerstand und die Gemeinde erfuhr dadurch eine tiefe Spaltung, die noch weit über die Zeit seiner Tätigkeit hinaus nachwirkte. Ganz besonders befähigt aber war Schuster im Umgang mit Kindern und Jugendlichen. Das wurde allseits auch von seinen Gegnern anerkannt. Hier leistete er Großes und schuf neue Gepflogenheiten, die über ihn hinaus Bestand hatten.

Während seiner ganzen Magdener Zeit hatte Hugo Schuster, trotz der größeren Entfernung und Arbeitsbelastung, weiterhin Kontakt zur Arbeit am Goetheanum, wie z.B. durch die erwähnten Bestattungen von Anthroposophen im Zusammenwirken mit Rudolf Steiner. Er nahm auch am zweiten Theologenkurs vom 26.09.–10.10.1921 in Dornach teil. Als aber in der Mitte des Kurses diejenigen unter den über hundert Teilnehmern, die sich nun wirklich mit der Sache verbinden wollten, eine Verpflichtungserklärung unterschreiben, fehlt unter den 69 Unterschriften Schusters Name. Dann zwang ihn seine Tuberkulose-Erkrankung «vom Oktober 1921 bis Ende Februar 1922» (so das christkatholische Synodenprotokoll) Urlaub zu nehmen und sich zu einem Kuraufenthalt nach Davos zu begeben. Nach seiner Rückkehr war für ihn die Arbeit schwierig geworden. Der ihn vertretende Kollege war offensichtlich in vielem toleranter und hielt auch sehr gute Predigten, was nicht Schusters Stärke war. Als am 9. Juli 1922 die endgültige Pfarrwahl stattfand (er war bisher nur Pfarrverweser gewesen), fehlte ihm zu seiner Wiederwahl eine Stimme. Damit war die Sache aber erstaunlicherweise noch nicht abgeschlossen. Schuster hatte eben auch eine starke menschliche Verankerung in seiner Gemeinde und so wurde am 21. August 1922 auf der aargauischen Kantonalsynode eine zweite endgültige Wahl auf den 1. Oktober 1922 angesetzt.

Parallel zu diesen dramatischen Vorgängen in Magden fand in Dornach in den Tagen vom 6.-22. September die Gründung der Christengemeinschaft statt. Schuster war gefragt worden, ob er mitwirken wolle. Anfang September 1922 teilte er Rittelmeyer schriftlich mit, dass er sich dazu nicht entschließen könne. Faktisch schrieb er diesen Brief nach seiner vorläufigen Abwahl am 9. Juli und im Zugehen auf die Wahl am 1. Oktober. Als sie dann stattfand, bestätigte sich das Ergebnis vom 9. Juli. Schusters anthroposophischer Freund und Kollege, der Neutestamentler Prof. Ernst Gaugler, schreibt über die unmittelbare Wirkung dieser Abwahl: «Dem Pfarrer brach dieser Schlag das Herz. Wer ihn in jenen Tagen gesehen hat, hat ihn bewundert, *wie* er von seiner Gemeinde sprach. Jetzt kam erst recht die ganze Tiefe der Liebe zum Vorschein. Er war wie ein Vater, der seine Familie verliert, – aus der Klage klangs nur immer wieder: ‚Wie habe ich sie lieb gehabt!' Er hatte sich ganz hingegeben, er konnte sich nie mehr ganz zurücknehmen. Wie treu er es mit seiner Kirche gemeint, das weiß der, der mit ihm auch in den Tagen schwerster Krankheit, die nun für ihn folgten, sich um die Kirche sorgte.»[109]

Schuster wurde nicht mehr als Gemeinde-Pfarrer tätig. In Arosa und dann fast ein Jahr in Locarno suchte er Genesung. Zu Pfingsten, am 8. Juni 1924, hält er dort noch einmal, zum letzten Mal, die Messe. Gegen Ende des Jahres übersiedelt er nach Davos, wo er am 4. Januar 1925 im Alter von 48 Jahren stirbt. Am 7. Januar wird er in St. Gallen beigesetzt nach christkatholischem Ritual. Hugo Schuster hatte das neue Ritual von Rudolf Steiner empfangen und als erster für andere Menschen gehalten, sich so in den Zukunftsstrom des Kultus stellend. Dass er selbst nicht durch dieses Ritual über die Schwelle geleitet wurde, mag zeichenhaft für seine «rätselhafte Kompliziertheit» sein, von der seine Schwester auch schreibt. Nachdem Rudolf Steiner von Elisabeth Geering-Christ die Todesnachricht erhalten hatte, antwortete er ihr am 14. Januar 1925, zwei Monate vor seinem eigenen Tod: «Tief erschüttert hat mich das Verlassen des phys. Planes durch unseren lieben Freund Hugo Schuster. Ich werde, das können Sie sicher sein, im Gedanken mit ihm sein. Er war ein treuer Anthroposoph. Und gerade die Anfänge der Bewegung in der Schweiz verdanken ihm viel, sehr viel!»

Wie kann die religiöse Erneuerung in unserer Zeit im Sinne der Entwicklung von Geistbewusstsein konkret werden und welche Formen des religiösen Lebens sollen sich bilden? – Die seit 1917 unbeantwortete Frage hatte am 14. Januar 1919 ihre Antwort bekommen, als Hugo Schuster das Bestattungsritual, «ausgebildet im Sinne unserer Christengemeinschaft», zelebrierte:

Die «Formen des erneuerten religiösen Lebens» werden *kultische Handlungen* sein!

Hugo Schuster war in diesem Augenblick «Pionier der Christengemeinschaft» – der erste Handelnde überhaupt –, ohne es zu wissen oder gar zu wollen. «Er war ein treuer Anthroposoph», schreibt Steiner. Zugleich war er neugeweihter christkatholische Priester, der keinen Impuls in sich trug, sich von «seiner Kirche» wieder abzuwenden. Aber in den Gesten seiner Biografie gibt es Momente, wo der Eindruck eines übergeordnet wirkenden Schicksals spürbar ist: Ein Jahr zuvor, am 5. Februar 1918 hatte Rudolf Steiner in Berlin über die soziale Bedeutung eines «richtigen» Totenkultus gesprochen: «Ich habe öfter gesagt: Geisteswissenschaft will nicht eine neue Religion gründen, will auch nicht etwas Sektiererisches in die Welt setzen, sonst verkennt man sie vollständig. Ich habe dagegen oft betont, dass sie das religiöse Leben der Menschen vertiefen kann, indem sie reale Grundlagen schafft. Das Totenandenken, der Totenkult hat seine religiöse Seite … Ob eine Totenfeier richtig oder unrichtig gemacht wird, ist für das Zusammenleben der Menschen viel wichtiger als ein Gemeinderatsbeschluss oder ein Parlamentsbeschluss, so sonderbar es klingt.»[110] Als ob dieser Vortrag Konsequenzen hätte in Bezug auf die Geburt der religiösen Erneuerung, hält Hugo Schuster dann ein knappes Jahr später, und erst wenige Monate zuvor zum Priester geweiht, tatsächlich eine erste in dem genannten Sinn «richtige» Totenfeier.

Wir sprachen davon, dass der Geburt der Christengemeinschaft im Vollzug der ersten Menschenweihehandlung am 16. September 1922 auch etwas wie eine Empfängnis vorangegangen war im ersten Gespräch Rudolf Steiners mit Friedrich Rittelmeyer am 2. Dezember 1911. Jetzt haben wir zu ergänzen: Wenn wir nicht nur auf die Geburt, sondern mehr noch auf den Geburts*prozess* blicken, dann hat für die Christengemeinschaft dieser Prozess schon am 14. Januar 1919 begonnen mit der Bestattung von Marie Leyh durch Hugo Schuster. Doch das war – außer Rudolf Steiner – noch niemandem bewusst. Für das Schicksal, das sie mit der «religiösen Erneuerung» verbindet, müssen die späteren Gründer erst allmählich erwachen. Aber eine Wirklichkeit erscheint schon jetzt:

«Die Christengemeinschaft ist auf geistigem Boden von geistigen Wesenheiten gestiftet in Wirklichkeit.»[111]

IV.

Die geistigen Wurzeln

16. Der Geburtsprozess
der religiösen Erneuerung

Der *Geburtsprozess* der Christengemeinschaft beginnt mit dem Bestattungskultus – zum ersten Mal vollzogen am 14. Januar 1919 durch Hugo Schuster. Der Abschluss geschieht durch den Kultus der ersten vollendeten Menschenweihehandlung, vollzogen durch Friedrich Rittelmeyer am 16. September 1922. In diesem zeitlichen Bogen von 3½ Jahren erscheint das Wesen der religiösen Erneuerung als neue Kirchenströmung in der Welt. Die alte Kirchenströmung ist zu Ende, da gilt für eine theosophische Arbeit nur noch die Kanzel – so sah es Rudolf Steiner in den ersten Jahren des neuen Jahrhunderts. Dann begegnete ihm Friedrich Rittelmeyer, der von sich aus diese Art der Arbeit schon machte, später immer mehr dann auch als Anthroposoph, und durch seine Predigten einen großen überregionalen Menschenkreis erreichte. Aber gerade diese erfolgreiche Arbeit war für Rittelmeyers eigentliche Erdenaufgabe garnicht das Wesentliche und wollte allmählich durch etwas ganz Neues abgelöst werden. Das «sah» Rudolf Steiner bei der Ur-Begegnung mit Rittelmeyer, wodurch sich auch sein eigenes Bild von der Kirchenströmung entsprechend bewegte und weiter entwickelte. Aber Rittelmeyer konnte für seine Aufgabe zunächst noch nicht erwachen, auch wenn Rudolf Steiner wiederholt in diesem Sinne «aufweckende» Hinweise gab. Schließlich ging Rudolf Steiner so weit, dass er – wie eine letzte Hilfe zum Erwachen – der neuen Kirchenströmung schon 1917 den begrifflichen Namen gab, noch bevor sie auf der Erde angekommen war. Sein eigener Weg war der Erkenntnisweg der Anthroposophie als «*Geisterkenntnis*». Ein anderer Weg, der nicht seiner war, ist die *neue* Kirchenströmung. Das Wesen ihres Wirkens wird nun zum ersten Mal benannt: «*Geistbewusstsein*». Der Weg der Geisterkenntnis kann die Kanzel an den Orten der alten Kirchenströmung einbeziehen. Aber für die Entfaltung des Geistbewusstseins ist der Ausgangspunkt nicht mehr die Kanzel, sondern *der Altar*, die kultische Handlung. Hugo Schuster war der erste, der diese Stelle am *Altar der neuen Kirchenströmung* einnahm im Vollzug der neuen Bestattung.[112] Rittelmeyer war Protestant und Kanzelredner. Das Kultische war ihm zunächst fremd. Schuster war Katholik (altkatholisch). Das Predigen lag ihm nicht, aber tief verbunden war er mit dem Kultus. Wie kann aus solcher Polarität die neue Kirchenströmung hervorgehen? Sie hatte ja schon ihren «Namen» bekommen, das heißt ihren geistigen Auftrag: *Im religiösen Empfinden das «Geistbewusstsein» erringen.* Seither war der Weg zur «religiösen Erneuerung» für jeden, den es betraf, erkennbar und begehbar. Auf geistigem Boden war die Christengemeinschaft schon «gestiftet».[113]

Von den später maßgeblichen Gründern aber war noch niemand dafür aufgewacht. Und der Erste, der dann handelnd für die Gründung tätig wurde, Hugo Schuster, ist nie ganz aufgewacht für das, was sein Beitrag in Wirklichkeit war. Er wurde, vom Schicksal geführt, zum Pionier der Christengemeinschaft, ohne sich dessen bewusst zu sein. Aber mit dem erstmaligen kultischen Vollzug des neuen und «richtigen» Totenkultus am 14. Januar 1919 begann der Geburtsprozess der Christengemeinschaft. Danach kamen «die Jüngeren», die dann auch ganz unbefangen die auslösende Frage an Rudolf Steiner stellten. Rückblickend schreibt Steiner: «Sie empfanden den Drang, in einem lebendigen Ergreifen des übersinnlichen Gehaltes des Christentums die Verbindung der Menschenseele mit ihrer ewigen Wesenswelt zu finden. Sie glaubten fest daran, dass es ein solches lebendiges Ergreifen geben müsse.» Die erste und entscheidende Frage stellte am 8. Februar 1920 der 21-jährige Marburger Philosophie-Student Johannes Werner Klein. Er war nach Dornach gereist, um Rudolf Steiner zu hören und nahm die Gelegenheit wahr, ihn dort um ein Gespräch zu bitten, das ihm dann seine Frage ermöglichte. Der Inhalt dieser Frage hatte zunächst wenig gemeinsam mit dem, was in den letzten Jahren bewegt worden war zwischen Rudolf Steiner und Rittelmeyer und dann auch mit Hugo Schuster. Im Anschluss an Schelling[114] hatte Klein die Frage, ob nach der «petrinischen» (katholischen) und «paulinischen» (protestantischen) Epoche jetzt nicht die Zeit gekommen sei für die dritte Epoche, der «johanneischen Kirche»? Steiners Antwort kam ohne Zögern: «Wenn Sie das durchführen, was Sie vorhaben – und es lassen sich die Formen dafür finden –, dann bedeutet das etwas ganz Großes für die Menschheit.»[115] Diese unmittelbar positive Antwort Steiners zeigt, wie überfällig es war, jetzt endlich konkret zu werden. «Es lassen sich die Formen dafür finden.» Das hatte ja schon begonnen: die kultische Form einer ganz *neuen* Totenfeier ist ein Jahr vorher von Hugo Schuster bereits zelebriert worden. So würden sich auch weitere Formen für andere Lebensgebiete finden. Das bedeutet «etwas ganz Großes für die Menschheit». Jetzt endlich war eine Frage gestellt worden, die sich – durch Rudolf Steiner ins Bewusstsein gehoben – tatsächlich auf die *neue* Kirchenströmung bezog. So begann sich der weitere Geburtsprozess der Christengemeinschaft zu verwandeln in einen Weg der werdenden Gründer: *von der Idee zur Tat.*

Im folgenden Jahr 1921 fanden in Stuttgart (Juni) und Dornach (Herbst) die beiden grundlegenden und zugleich vorbereitenden Zusammenkünfte mit Rudolf Steiner statt, die schließlich auf eine Gründung «freier Gemeinden» (d.h. außerhalb der bestehenden Kirchen) zielten. An beiden Kursen konnte Rittelmeyer, auf den ja alles ankam, aus Gesundheitsgründen – Spätfolgen seines Absturzes im August 1918 – nicht teilnehmen. Zu seiner Situation schreibt er: «Fast vom allerersten Anfang an standen die jungen Menschen mit mir in Fühlung und Aussprache ... Nun stand vor mir eine ernste Frage. Soll ich da mittun?» Das Wort Rudolf Steiners: «Das Religiöse ist Ihre Aufgabe» lebte seit 1917 immer weiter lebendig in ihm. Dennoch konnte er keine selbstverständliche Entscheidung fällen, mitzumachen. «Erst, wenn alles vorlag, was Steiner zu sagen hatte, konnte ich darüber ein sicheres Urteil gewinnen ... So musste ich die beiden Kurse abwarten.» Er bekam die Mitschriften der Kurse immer umgehend zugesandt, nach dem Herbstkurs auch den Text der Menschenweihehandlung. Er taucht tief in den Wortlaut ein, auch in der Meditation. Dann kommt das Erlebnis: «Langsam stieg es in mir empor: Das *darf* der Menschheit nicht vorenthalten werden. Du selbst darfst jetzt nicht versagen, wenn du nicht an der Menschheit und an der göttlichen Offenbarung selbst schuldig werden willst!»[116] Jetzt ist der Moment gekommen, «Ja» zu sagen. Es ist das Ja-Wort zu seiner Aufgabe in der neuen Kirchenströmung, das Ja-Wort zum Kultus, das Ja-Wort zu dem Schritt: vom Schwerpunkt der Arbeit auf der *Kanzel* zum Gemeinde-Wirken am *Altar*. Ende 1921: der Weg zum Beginn des Neuen war frei.

Der nächste zeitliche und örtliche Brennpunkt für die Gründungswilligen war dann der Berliner Hochschulkurs im März 1922, der aus der anthroposophischen Arbeit in Berlin hervorging. Zu allen Fachbereichen wurden jeweils an einem Tag – nach einem einleitenden Vortrag Rudolf Steiners – die anthroposophischen Gesichtspunkte und Perspektiven durch Fachreferenten dargestellt. Der Freitag war der Theologie gewidmet und brachte im Anschluss an Rudolf Steiners einleitenden Vortrag («Anthroposophie und Theologie») Beiträge von Emil Bock, Friedrich Rittelmeyer und Christian Geyer, den drei führenden Lehrern in der sich bildenden religiösen Erneuerungsbewegung. Dazu waren nun alle Gründungswilligen in Berlin zusammengekommen. Zwischen den Veranstaltungen traf man sich in der Neuen Kirche im Konfirmandensaal Rittelmeyers, der nun zum ersten Mal im Kreis dabei war. Einige Male war auch Rudolf Steiner zu den Besprechungen gekommen. Der Blick richtete sich nach vorne auf den September, wo nun in Dornach die Gründung sich ereignen sollte. Als Rudolf Steiner wieder zurück in Dornach war, berichtete er dort in einem internen Mitgliedervortrag über diesen anthroposophischen Hochschulkurs. Beim Bericht über den «Theologentag» kam dann etwas sehr Wesentliches zur Sprache, was zu den geistigen Vorzeichen der religiösen Erneuerungsbewegung und ihrer Gründerpersönlichkeiten gehört, die allerdings diesen Rückblick Steiners nicht selbst hören konnten: «Es ist für denjenigen, der die Gesamtsituation der Gegenwart zu überschauen vermag, gerade an diesem Tage ein, aber natürlich aus den Verhältnissen hervorgehender Mangel sehr stark hervorgetreten. Wenn ein vollständiges Erschöpfen des Tagesthemas hätte erfolgen können ..., dann hätte natürlich auch noch ein katholischer Theologe sprechen müssen. Denn alle diese Vorträge, die gehalten worden sind, sind lediglich aus dem protestantischen Bewusstsein heraus gesprochen worden. Ein katholischer Theologe wäre ja in einer ganz anderen Lage gewesen als diese drei protestantischen Theologen. Ein katholischer Theologe hat nicht nur eine historisch überbrachte, sondern eine historisch überbrachte *und* ewig gültige Theologie, eine Theologie, die in der Gegenwart unbedingt so lebendig erfasst werden muss, wie sie erfasst worden ist, sagen wir im 3., 2. Jahrhundert der christlichen Zeitrechnung.»[117]

Rudolf Steiner weist auf einen «Mangel», der «sehr stark hervorgetreten» ist beim Theologentag während des Berliner Hochschulkurses. Bock, Rittelmeyer und Geyer, «diese drei protestantischen Theologen», haben eben lediglich aus dem protestantischen Bewusstsein heraus gesprochen, dem etwas fehlt, was der katholische Theologe noch hat. Der katholische Theologe hat eben nicht nur – wie der protestantische Theologe – eine aus dem historischen Strom kommende, eine geschichtlich (etwa durch die Bibel) überlieferte Theologie, sondern auch eine «ewig gültige Theologie, eine Theologie, die in der Gegenwart unbedingt so lebendig erfasst werden muss, wie sie erfasst worden ist , sagen wir im 3., 2.

Jahrhundert der christlichen Zeitrechnung», also in der Zeit des Urchristentums. Von dieser «ewig gültigen Theologie» hat Rudolf Steiner schon zu Beginn seiner theosophischen Arbeit in Berlin gesprochen und als Buch veröffentlicht unter dem Titel *Das Christentum als mystische Tatsache*. Das Christentum hängt mit den alten Mysterien zusammen und muss in gewisser Weise als deren Veröffentlichung verstanden werden. Es wird dargestellt, «wie der Quell des Christentums sich seine Voraussetzungen geschaffen hat in den Mysterien der vorchristlichen Zeit.» Da liegt zugleich die Quelle für die Mysterienweisheit, wie sie sich in der Theologie des Urchristentums noch findet und heute auf ganz neue Weise «so lebendig erfasst werden muss, wie sie erfasst worden ist, sagen wir im 3., 2. Jahrhundert der christlichen Zeitrechnung». Es ist wahrhaft dramatisch, zur Kenntnis zu nehmen, dass sechs Monate vor Gründung der Christengemeinschaft die geistig-theologischen Grundlagen der Bewegung für religiöse Erneuerung noch nicht darstellbar waren durch die dazu berufenen «drei protestantischen Theologen». Es «hätte natürlich auch noch ein katholischer Theologe sprechen müssen», aber den gab es nicht. Hugo Schuster wäre dafür am richtigen Platz gewesen; das ergibt sich auch aus der Konstellation Rittelmeyer – Schuster im zeitlichen Bogen des 3½-jährigen «Geburtsprozesses» der religiösen Erneuerung. Aber Schuster kam nicht in Frage. Er war seit vier Jahren als Priester tätig, seine Weihe war am 23. Juli 1918, wenige Tage, bevor Rittelmeyer in den Bergen abstürzte. Am zweiten Theologenkurs vom 26.09.–10.10.1921 in Dornach nahm er teil. In der Mitte des Kurses sollten diejenigen, die sich nun wirklich mit der Sache verbinden wollten, eine Verpflichtungserklärung unterschreiben. Unter den 69 Unterschriften fehlt Schusters Name. Als dann in Dornach in den Tagen vom 6.–22. September 1922 die Gründung der Christengemeinschaft stattfinden sollte, war Schuster gefragt worden, ob er mitwirken wolle. Anfang September teilte er Rittelmeyer schriftlich mit, dass er sich dazu nicht entschließen könne. Er war, wie wir schon sagten, durch objektiv wirkendes Schicksal ein Pionier der Christengemeinschaft, aber ohne Intention und für ihn selbst kaum bewusst. Die Gründung der Christengemeinschaft hatte eine gewisse protestantische Prägung – der «katholische Theologe» fehlte.

17. Das Konzil von Konstantinopel 869/70

Im Rückblick auf den Berliner Hochschulkurs im Rahmen seines Dornacher Vortrags am 18. März 1922 spricht Rudolf Steiner, wie bereits dargestellt, das Besondere der katholischen Theologie an: «Ein katholischer Theologe hat nicht nur eine historisch überbrachte, sondern eine historisch überbrachte *und* ewig gültige Theologie.» Aber das «ewig Gültige» ist heute eben auch durch vieles verdeckt, wenn nicht sogar unkenntlich geworden: «Gewiss, die Konzilien und im 19. Jahrhundert dann der unfehlbar gewordene Papst haben ja manches hinzugefügt ...» Dem für unsere Frage wohl wichtigsten dieser Konzilien, die «manches hinzugefügt» haben, dem «Achten ökumenischen Konzil von Konstantinopel 869/70» wollen wir nachfolgend Aufmerksamkeit zuwenden.

Bis zum 9. Jahrhundert war die Christenheit noch in *einer* Kirche verbunden, die in verschiedene Patriarchate untergliedert war. Der Papst – «Patriarch» von Rom – hatte als «Erster unter Gleichen» eine Sonderstellung, aber keine Sondervollmachten. Das bedeutendste Patriarchat im Osten war das von Konstantinopel. Unter Patriarch Photius im Osten und Papst Nikolaus im Westen kam es dann zu größten Spannungen im theologischen und politischen Bereich. Die Kirchenspaltung, das große Schisma zwischen der Ostkirche und der Westkirche, das 1054 definitiv vollzogen wurde, war schon eine sich anbahnende Wirklichkeit. Das wurde zum wesentlichen Hintergrund für das Konzil, das 869 nach Konstantinopel einberufen wurde. Es ging um die Aufarbeitung des «Schismas des Photius», der inzwischen abgesetzt und abgelöst worden war durch Patriarch Ignatius. Nach dem Tod von Nikolaus war auch im Westen inzwischen mit Hadrian II. ein neuer Papst an der Macht.[118]

Diese offizielle Beschreibung der Konzils-Thematik ist für Rudolf Steiner die unwesentliche. Einen ganz anderen inneren Akzent gibt er diesem Konzil: «Sogar das ältere Christentum, das noch von den Weisheitslehren ausgegangen ist, unterschied, wie alle Weisheitslehren der verschiedenen Zeiten und Völker, in der menschlichen Wesenheit Leib (oder Körper), Seele und Geist. Erst spätere Konzilsbeschlüsse haben sozusagen den Geist abgeschafft, und erst seit dem Konzil von Konstantinopel spricht man nur von Leib und Seele.»[119] Nach Rudolf Steiner wurde also auf diesem Konzil im 9. Jahrhundert «der Geist abgeschafft», die Trichotomie des Menschen, seine Gliederung in Leib – Seele – Geist. Von nun an war dogmatisch die Dichotomie festgelegt: der Mensch besteht aus sterblichem Leib und unsterblicher Seele. In den verschiedenen Darstellungen der Konzilien-Geschichte entspricht diese Deutung Steiners durchaus nicht dem allgemeinen Konsens. Normalerweise gilt, wie bei diesem Beispiel: «Das Schisma des Photius und dessen Beseitigung durch das 8. Ökumenische Konzil (869/70): Die in der Schlusssitzung angenommenen 27 Kanones zielen darauf ab, eine Wiederholung der Vorgänge um Photius zu verhindern.»[120]

Rudolf Steiner benutzte ein zu seiner Zeit verbreitetes mehrbändiges Werk (Otto Willman, *Geschichte des Idealis-*

mus, Braunschweig 1896), in dem auch das Konzil von 869 behandelt wird, hier aber mit dem ausdrücklichen Hinweis auf die *Verwerfung der Trichotomie*: «Der Missbrauch, den die Gnostiker mit der paulinischen Unterscheidung des pneumatischen und des psychischen Menschen trieben, indem sie jenen als Ausdruck ihrer Vollkommenheit ausgaben, diesen als den Vertreter der im Gesetz der Kirche befangenen Christen erklärten, bestimmte die Kirche zur ausdrücklichen Verwerfung der Trichotomie. Das achte ökumenische Konzil von Konstantinopel erklärte 869, dass «das Alte und das Neue Testament lehre, dass der Mensch *eine* denkenden und geistige Seele hat.»[121] Angeregt durch eine solche Aussage mag Rudolf Steiner mit seiner eigenen Forschung daran angeschlossen haben – im Ergebnis bestätigend. Neuerdings findet sich auch im prominenten evangelisch-theologischen Lexikon *Religion in Geschichte und Gegenwart* («RGG») eine Bestätigung, dass die Trichotomie auf dem Konzil 869 ein Thema war: «Die platonische wie die gnostische Tradition wie auch manche Formulierungen der biblischen Überlieferung schienen darauf hinzuweisen, dass es verkehrt sei, den Menschen nur als Leib und Seele zu verstehen (Dichotomie im Blick auf den Menschen überhaupt), und dass man vielmehr entweder innerhalb der Seele mehrere verschiedenwertige Anlagen unterscheiden müsse (sinnliche und vernünftige Seele) oder aber von der Seele überhaupt den ‹Geist› als mitgebrachte, wenn auch verschüttete Anlage zu unterscheiden habe (Leib, Seele, Geist – anthropologische Trichotomie) … Wo die Anthropologie auch nur im Hintergrunde trichotomisch war (so etwa bei Origenes), wurde mit einer vorgegebenen Nähe des Menschen zu Gott gerechnet. Zu kirchlicher Geltung ist schließlich die anthropologische Dichotomie gelangt (Konzil zu Konstantinopel 869-870) ...»[122] Bemerkenswert ist hier der Hinweis auf den Zusammenhang von Trichotomie und Trinität: «Wo die Anthropologie auch nur im Hintergrunde trichotomisch war, wurde mit einer vorgegebenen Nähe des Menschen zu Gott gerechnet.» Dann würde man sagen: wenn es die Gott-Ebenbildlichkeit des Menschen gibt, wäre die Trichotomie ein menschliches Abbild der göttlichen Trinität.

Das Konzil von Konstantinopel 869/70 wird in der Westkirche (Rom) «Achtes ökumenisches Konzil» genannt. Die Ostkirche stimmt dem nicht zu, weil auf diesem Konzil auch theologische Entscheidungen getroffen wurden (das Wirken des Heiligen Geistes betreffend), die von der Ostkirche nicht anerkannt werden. Für die Gesamtkirche sind also nur die ersten sieben Konzilien «ökumenisch». Die Entscheidungen dieses Konzils von 869/70 sind aber für die weitere geistige Entwicklung der Menschheit von allergrößter Bedeutung, nicht das Schisma des Photius betreffend oder in Bezug auf theologische Entscheidungen, sondern im Blick auf – wie Rudolf Steiner es nennt – «die Abschaffung des Geistes». In diesem Sinne kann man dieses Konzil – die ganze Menschheit betreffend – durchaus auch «ökumenisch» verstehen.

Was bedeutet nun konkret das Menschenbild der «anthropologischen Dichotomie», wie es durch die «Abschaffung des Geistes» dogmatisch definiert wurde auf dem Konzil 869/70? Das geistige Leben des Menschen ist die Quelle seines eigenständigen Verhältnisses zur Welt: Was ist wirklich? Was ist wahr? Was ist gut? Was will ich eigentlich? Auf diese und viele ähnliche Fragen muss er selbst sich eine Antwort geben, um so seinen eigenen Weg zu gehen. Aber dann wird in der mittelalterlichen Kirche in der Folge des Konzils immer mehr zwischen «Vernunftwahrheiten» und «Offenbarungswahrheiten» unterschieden. Die «Vernunftwahrheiten» sind jedem denkenden Menschen zugänglich. Er darf die Wahrheit für sich finden nach seinem eigenen Urteil. Aber das ist nur der begrenzte Bereich seiner Vernunft. Die großen Wahrheiten aber – die Wahrheit über Gott, das Gute als Gottes Gebot, die Wirklichkeit der Schöpfung, der Sinn des Lebens im Gehorsam gegenüber Gott – sind dem menschlichen Denken nicht mehr zugänglich. Es sind Offenbarungswahrheiten, die nur durch die Kirche empfangen und dem Menschen vermittelt werden können. Entsprechend wurde dann auch das Verhältnis der Philosophie zur Theologie beschrieben. Die Philosophie sucht die Wahrheit auf dem Weg des Denkens. Die Theologie beschreibt die göttlichen Wahrheiten als geistige Offenbarungen. Man kann diese Offenbarungen mit Hilfe der Philosophie *verstehen*, man kann sie aber nicht auf philosophischem Weg *finden*. In diesem Sinn heißt es: «Die Philosophie ist die Magd der Theologie.»[123] Der «Geist» ist nicht mehr im Sinne der Trichotomie eine Tatsache des Menschseins, sondern der Mensch besteht nur noch aus Leib und Seele, dem Ort seiner Innerlichkeit. Der Geist wirkt durch die Kirche.[124]

Wenn man sich diese dichotomische Denkweise fortgesetzt denkt in das naturwissenschaftliche Zeitalter, wird die Kirche und der durch sie vermittelte Geist abgelöst durch die sinnliche Welt und den in ihr wirkenden «Geist» in Form der Naturgesetze. Auf die Frage, wie der Mensch die wahre Wirklichkeit findet, wäre die mittelalterliche Antwort im Sinne des Konzils 869/70: Die Wirklichkeit wird durch die Kirche in den

Offenbarungswahrheiten vermittelt, die man *glauben* muss. Was der Mensch selbst für sich erkennen kann, sind nur die Vernunftwahrheiten. Sie sagen über die wahre Wirklichkeit noch nichts wirklich aus. Nicht unähnlich würde womöglich heute eine Antwort sein im Sinne der gegenwärtigen Wissenschaftstheorie: «Die Welt ist meine Vorstellung.»[125] Das sind die «Vernunftwahrheiten», die über die wahre Wirklichkeit nicht viel aussagen können. Die «Offenbarungswahrheiten» der Natur aber, die Naturgesetze, können wir durch uns selbst nicht deuten, denn Naturgesetze können niemals allgemeingültig verifiziert (bestätigt) werden, aber gegebenenfalls durch Beobachtungen, die mit der Theorie im Widerspruch stehen, «falsifiziert».[126] Die Kirche im gläubigen Mittelalter hat die Offenbarungswahrheiten in ähnlicher Weise verwaltet, wie der «Geist» der Materie in unserer materialistischen Gegenwart die «Gesetze» der Natur.

Diesen Zusammenhang zwischen dem «dichotomischen» Inhalt des Konzils und naturwissenschaftlichem Materialismus fasst Rudolf Steiner zusammen: «Die Menschen wären nie Materialisten geworden, wenn die Kirche nicht abgeschafft hätte die Erkenntnis vom Geist.»[127] Damit fällt zugleich auch ein Licht auf den Weg Rudolf Steiners, den er selbst seit seinem 21. Lebensjahr sich errungen hat: den Erkenntnisweg zu Wirklichkeit, der ihm dann auch möglich gemacht hat, Goethe zu verstehen und als Herausgeber seiner naturwissenschaftlichen Schriften tätig zu werden. Und wenn die heutige Naturwissenschaft eingestehen muss: Naturgesetze können niemals allgemeingültig verifiziert werden und deshalb kann der Natur auch kein Geist entbunden werden – die Natur ist dann «geistlos», so kommt Steiner auf seinem eigenen Weg zur gegenteiligen Erfahrung: «Das Gewahrwerden der Idee in der Wirklichkeit ist die wahre Kommunion des Menschen.» Der Geist in der Natur wird erfahrbar. Auf diesem Weg kann Natur-Wissenschaft zur *Geistes*-Wissenschaft werden und umgekehrt. Das ist Anthroposophie, der Weg der Geisterkenntnis, durch den das Dogma des Konzils von 869 überwunden wird. Das Buch, in welchem die Überwindung des Dichotomie-Dogmas – 1000 Jahre nach der «Abschaffung des Geistes» – in klarer Gedankenfolge beschrieben und begründet wird, ist die *Theosophie*, die 1904 erscheint. Nach der sorgfältigen Entwicklung des Trichotomie-Gedankens findet sich dann der zusammenfassende Satz, der nach 1000 Jahren ein neues Kapitel eröffnet im Verstehen des Menschen durch die Wiedergewinnung des Geistes: «So ist der Mensch Bürger *dreier Welten*. Durch seinen *Leib* gehört er der Welt an, die er auch mit seinem Leibe wahrnimmt; durch seine *Seele* baut er sich seine eigene Welt auf; durch seinen *Geist* offenbart sich ihm eine Welt, die über die beiden anderen erhaben ist.»[128]

18. Das 1. Vatikanische Konzil 1869/70

Nach dem letzten, sich mit der Reformation abschließend auseinandersetzenden Konzil von Trient (1545 – 1563), dem Konzil der «Gegenreformation», fand das nächste Konzil erst wieder in der Neuzeit statt: das I. Vatikanische Konzil 1869/70. Was würde das Thema sein – 300 Jahre nach der Reformation, im Jahrhundert der neuzeitlichen Industrialisierung und Technisierung und eines beginnenden weltanschaulichen Umbruchs durch die Naturwissenschaften? Das Konzil unter Papst Pius IX. begann am 8. Dezember 1869 und wurde am 20. Oktober 1870 auf unbestimmte Zeit vertagt. Das entscheidende Thema war die Lehre von der Unfehlbarkeit des Papstes «bei endgültigen Entscheidungen in Glaubens- und Sittenlehren», die am 18. Juli 1870 zum Dogma erhoben wurde. Damit war dogmatisch festgestellt, dass der Papst die Kirche nicht nur rechtlich und in anderen Bereichen repräsentiert, sondern auch *geistig*. Der Geist der Kirche wirkt durch ihn und gibt seinen entsprechenden Entscheidungen «Unfehlbarkeit». Der Geist, der dem Menschen im 9. Jahrhundert durch das Konzil von Konstantinopel abgesprochen wurde und auf die Kirche konzentriert, erfährt nun noch einmal eine letzte Konzentration auf die Person der Papstes. Man könnte auch sagen: das Konzil von Konstantinopel 869/70 erfährt eine Art von Oktave im Vatikanischen Konzil 1869/70 – exakt nach 1000 Jahren. Das ist dann der Moment wo – man könnte sagen: endlich – eine Reaktion aus der Kirche selbst kommt. Diese Reaktion ist kein Protest gegen das Alte – und für Neues, wie 300 Jahre vorher beim Protestantismus, sondern umgekehrt ein Protest gegen die Neuerung und für das Alte, gegen die «Unfehlbarkeit» des Papstes und der damit verbundenen Monopolisierung des Geistes. Genau genommen ist das natürlich kein wirklich «neues» Dogma, sondern letztlich die Konsequenz, die Oktave des Dogmas von Konstantinopel. Aber der Inhalt des Dogmas steht jetzt den Menschen deutlicher vor Augen als 1000 Jahre früher und löst Widerstand und Proteste aus.

Wer nach dem 18. Juli 1870 das neue Dogma ablehnte, wurde exkommuniziert. So bildete sich die «alt»-katholische Kirche in Abgrenzung zur ab 1870 «neuen» römisch-katholischen Kirche. Ab 1872 kam es zur Gründung eigener Gemeinden und Ortskirchen. Bemerkenswert ist, dass die Messe von vorneherein in der Landessprache gefeiert wurde, dass es ein Zölibats-Gebot für die Priester nicht mehr gab und dass die Glaubens-Grundlage die ersten 7 ökumenischen Konzilien bilden, zu denen das im Westen so genannte «8. Ökumenische Konzil von Konstantinopel» 869/70 nicht zählt, weil es, ohne Anerkennung durch die Ostkirche, nicht ökumenisch ist. Das Konzil, durch welches «der Geist abgeschafft» wurde, gehört somit nicht mehr zum Glaubensgut der altkatholischen Kirche. Man kann den Keim einer unserer Zeit angemessenen Kirchenströmung in den Entstehungsgesten dieser altkatholischen Kirche durchaus wahrnehmen.

So erklärt sich auch, was Marie Steiner über Hugo Schuster schrieb: «Er starb als Pfarrer der altkatholischen Kirche, so etwas von dem vorausnehmend, was sich später in der Christengemeinschaft verwirklichen sollte.» Auch Rudolf Steiner hat sich als 21-Jähriger über die (zu dieser Zeit 10 Jahre alte) altkatholische Kirche geäußert. Das war der biografische Moment, wo er seinen eigenen Weg der Wirklichkeits-Erkenntnis ergriff, wie das in seinem Brief an Friedrich Theodor Vischer deutlich wird. Wenig später schreibt er an Albert Löger in ähnlicher Haltung über seine Ziele: «Doch ich muss es tun, will es tun, tue es.» Dieser Brief, der sich ganz klar auf seinen «Erkenntnisweg» bezieht, zu dem er sich entschlossen hat, ist damit aber nicht zuende, es folgt noch die zweite Hälfte: «Mir wurde oft es übel genommen, dass ich Gefallen an der Philosophie finde, doch ich sehe jetzt wie gut dies ist. Sie hat mir das gegeben, was ich von Natur nicht hatte, was aber andere haben und ohne das man ja doch eigentlich nicht sein kann. Ich lernte gerade durch sie kennen, was mir noch vor kurzem ganz unverständlich war: die Bedeutung der religiösen Bewegungen. Ich muss gestehen, dass ich mir noch vor nicht langer Zeit, wenn Du von dem Altkatholizismus sprachst und wenn Du Deine großen Bemühungen um denselben anführtest, nichts Rechtes denken konnte. Jetzt ist mir das alles klar. Ich sehe ebenso gut ein, warum es diese und gerade diese *Religionsform* für unser Volk sein muss. Der Protestantismus würde selbst dann nicht ganz berechtigt sein – ich meine beim Volke –, wenn er den Traditionen des Landes entsprechen würde, denn aus Mangel am Formellen artet er sehr gerne in nüchternen gemüt- und geistlosen Rationalismus aus. Der Mensch muss ein Bild von seinem Gotte haben und ihn in sinnlichen Handlungen verehrt sehen, sonst verschwindet er seinem Geiste.»[129]

Es ist ein klares Bild, das Rudolf Steiner mit 21 Jahren von einer der heutigen Zeit angemessenen religiösen Bewegung entwirft: «Der Mensch muss ein Bild von seinem Gotte haben und ihn in sinnlichen Handlungen verehrt sehen, sonst verschwindet er seinem Geiste.» Die Religion heute muss also auch eine «sinnliche» Seite haben, da kommt sie dann dem Goetheanismus näher. Und da liegt das Problem des Protestantismus, «denn aus Mangel am Formellen artet er sehr gerne in nüchternen gemüt- und geistlosen Rationalismus aus.» Die Keime für eine der heutigen Zeit angemessene religiöse Bewegung sieht demnach auch Rudolf Steiner im Altkatholizismus. Dort fände sich einerseits eine weit in die Vergangenheit reichende «ewig gültige Theologie», andererseits wäre die altkatholische Kirche frei von dem, was in der Vergangenheit dogmatisch mit dem Konzil 869/70 in Konstantinopel zusammenhängt. Das waren die Zeichen – aber die Wirklichkeit wurde anders.

Als 40 Jahre später dann der Moment gekommen war, dass die religiöse Erneuerung im Sinne der neuen Kirchenströmung tatsächlich auf der Erde erscheinen sollte, waren die tragfähigen Gründer in erster Linie Menschen, die aus dem Protestantismus kamen. Die geistige Substanz einer *ewig gültigen Theologie, die in der Gegenwart unbedingt so lebendig erfasst werden muss, wie sie erfasst worden ist zur Zeit des Urchristentums,* war repräsentiert durch den Altkatholiken Hugo Schuster, der durch äußere Schicksalsführung, aber eben nicht durch eigene Intention an wesentlicher Stelle mitwirkte. Und Rudolf Steiner hatte inzwischen das, was ihm mit 21 Jahren deutlich vor Augen stand, «die Bedeutung der religiösen Bewegungen», wenige Jahre danach «losgelassen», für seinen eigenen Weg loslassen müssen. «Es war eine karmische Notwendigkeit.»

Das Thema «Rudolf Steiners Weg zum Christentum», das auch als Vortragsthema gelegentlich noch erscheint, trifft die Wirklichkeit nicht. Steiner musste keinen «Weg zum Christentum» gehen – er war immer dort. Aber es ist, weil er für sich einen ganz eigenen Weg suchen und gehen sollte, «vorübergehend zurückgetreten.» Man könnte vielleicht sagen: er hat losgelassen, denn «es war eine karmische Notwendigkeit». Und dann kam ein ganz neuer Anfang dessen, was dem 21-Jährigen «verständlich» geworden war: «Die Bedeutung der religiösen Bewegungen». Etwas wird ihm jetzt ganz neu «verständlich». Davon spricht er gleich zu Beginn der Gründungstage der Christengemeinschaft: «Es war mir von Anfang an klar bewusst, als diese Ihre Bewegung sich mir offenbarte, welcher Ernst gerade durch diese Ihre Bewegung gehen muss.»[130]

Wir haben die Frage bewegt, wo dieser Moment der «Offenbarung» zeitlich verortet werden kann.

19. Geist-Erkenntnis

Mit dem Erkenntnisweg, den Rudolf Steiner zunächst selbst als seinen eigenen entwickelt hat und gegangen ist, beginnt eine neue «Geistes-Wissenschaft» greifbar zu werden und die Folgen von 1000 Jahren «Abschaffung des Geistes» allmählich zu überwinden. Diese Geisteswissenschaft ist heute jedem zugänglich, der einen entsprechenden Erkenntnisweg gehen will, um allmählich auszubilden, was Rudolf Steiner «Geist-Erkenntnis» nannte. Das ist das Wesen der Anthroposophie.

In Bezug auf die Erneuerung des religiösen Lebens in der neuen Kirchenströmung knüpfen wir an das mittelalterliche Verhältnis von ‹Theologie› zur ‹Philosophie› an, wie es in der Folge des Konzils von Konstantinopel beschrieben worden ist: «Die Philosophie ist die Magd der Theologie.» Das heißt, auf philosophischem Weg, durch Denken, lässt sich keine Aussage machen über eine geistige (theologische) Wirklichkeit. Dem Denken kommt eine andere Aufgabe zu: Wenn eine geistige Wirklichkeit als «Offenbarungswahrheit» bekannt ist, kann die Philosophie *im Nachhinein* Wege des Verstehens suchen als «Vernunftwahrheit». Das Denk-*Ergebnis* liegt bei der Offenbarungswahrheit schon fest, da hat die Philosophie keine Aufgabe mehr. Aber wie kann man die entsprechende geistige Wirklichkeit als «Vernunftwahrheit» *verstehen*? Wie kann man sie *denken*? Welcher Gedanken-*Weg* führt zu ihr? Es ist deutlich: das Denken kann die Wirklichkeit einer gegebenen Wahrheit (Offenbarungswahrheit) nur abbilden, verständlich machen, aber niemals schöpferisch hervorbringen.

Der «Geist» lebt nicht im menschlichen Denken der «Philosophie», sondern allein in der Offenbarung, die durch die Kirche als «Theologie» vermittelt wird.

Diese Mauer, die als Erbe des 9. Jahrhunderts das menschliche Denken von der geistigen Wirklichkeit trennt ist, muss heute durchbrochen werden. Das ist die Aufgabe und das Ziel der Anthroposophie als einem «Erkenntnisweg, der das Geistige im Menschenwesen zum Geistigen im Weltenall führen möchte.» Wenn diese Mauer durchbrochen ist und sich dadurch getrennte Welten verbinden, kann man das «Kommunion» nennen: den Geist wahrnehmen mit «sinnlichen» Organen, wie es Goethe gegenüber Schiller ausdrückt: «Das kann mir sehr lieb sein, wenn ich Ideen habe, ohne es zu wissen, und sie sogar mit Augen sehe.» In der Formulierung Steiners heißt es: «Das Gewahrwerden der Idee in der Wirklichkeit ist die wahre Kommunion des Menschen.» Erst «die Idee in der Wirklichkeit» ist die volle Wirklichkeit. In diesem Sinne «entsteht» die Wirklichkeit erst durch den «erkennenden Menschen». Die Philosophie ist dann nicht mehr «die Magd der Theologie», sondern selbst schöpferisch. Die Mauer – das Erbe des 9. Jahrhunderts durch die «Abschaffung des Geistes» – zwischen Mensch und Kirche, «Philosophie» und ‹Theologie› im Mittelalter, Mensch (Vorstellung) und Welt (Ding an sich) heute, ist durch *Geist-Erkenntnis* überwunden. Der Geist ist selber als Brücke «erhaben» über die getrennten Welten: «So ist der Mensch Bürger dreier Welten. Durch seinen Leib gehört er der Welt an, die er auch mit seinem Leibe wahrnimmt; durch seine Seele baut er sich seine eigene Welt auf; *durch seinen Geist offenbart sich ihm eine Welt, die über die beiden anderen erhaben ist.*»

Wenn in diesem Sinne die «Philosophie» zur Anthroposophie wird, kann das Erbe des 9. Jahrhunderts in der *Geist-Erkenntnis* überwunden werden.

20. Geist-Bewusstsein

Die Mauer zwischen Mensch und Wirklichkeit ist die eine Seite des Erbes vom 9. Jahrhundert, das es heute zu überwinden gilt. Die andere Seite ist die Verknüpfung von Philosophie als Erkenntnis und Theologie als Offenbarung mit der festen Zuordnung der jeweiligen Rolle: die Philosophie als «Magd» der Theologie. Indem sich die Philosophie heute aber von der Theologie trennt, kann sie selbst schöpferisch werden und im Erkennen eine Wirklichkeit finden.

Umgekehrt kann man sagen: wenn die Theologie sich von der Philosophie getrennt hält, wird sie sich mit der Wirklichkeit verbinden, auch wenn diese zunächst noch unerkannt ist. Im Prozess des Erkennens wird die Wirklichkeit dann erst ausgestaltet, sie ist nicht von vorneherein «fertig». Das Erkennen und Verstehen ist dann nicht mehr Aufgabe der «Magd» Philosophie, die «fertige» Wirklichkeiten zu erklären hat. Für unsere heutige Zeit heißt das: Wenn auch für die Theologie die Erbschaft des 9. Jahrhunderts überwunden ist, gibt es fertige Wahrheiten nicht mehr, die Zeit der Dogmen ist vorüber. Die Wahrheit «entsteht» immer erst als Prozess eines werdenden Erkennens und Verstehens. Dann sucht die Theologie die Geisteswissenschaft als Hilfe und Stütze – nicht mehr «als Magd». Dann sprechen wir auch nicht mehr von «Theologie», sondern von «religiösem Empfinden». Im

Überwinden der Erbschaft des 9. Jahrhunderts in unserer Zeit wird die *mittelalterliche Philosophie* zum Erkenntnisweg, der zur *Geisterkenntnis* führt. Die *mittelalterliche Theologie* wird zum religiösen Empfinden, das zum *Geistbewusstsein* führt. «Denn im religiösen Empfinden wird das Geistbewusstsein errungen.»[131]

Hier wäre nun der Ort, von jener «katholischen Theologie» zu sprechen, die Rudolf Steiner im Hinblick auf die Gründung der Christengemeinschaft im Auge hatte, wenn er rückblickend zum Berliner Theologentag sagte: «... dann hätte natürlich auch noch ein katholischer Theologe sprechen müssen.» Rudolf Steiner begründet und beschreibt die «katholische Theologie» in diesem Zusammenhang so, dass sie «historisch überbracht» und überliefert, zugleich aber auch eine «ewig gültige Theologie» ist, wie sie noch in den ersten Jahrhunderten der christlichen Zeitrechnung erfasst worden ist. Damit deutet Steiner auf den ursprünglich noch erlebten Mysterien-Hintergrund des Christentums, wie er das in seinem schon 1902 erschienenen Buch «Das Christentum als mystische Tatsache» detailliert darstellt. Es findet sich einmal in diesen Darstellungen auch schon – man könnte sagen: ein zeichenhafter Zufall – das Wort «Christengemeinschaft» im Hinblick auf das Mysterien-Verständnis der christlichen Urgemeinde. Erst 20 Jahre später erscheint dieser Name wieder, jetzt in Zusammenhang mit der religiösen Erneuerung.

«Die Mysterien haben durch Tradition die *Mittel* überliefert, zur Wahrheit zu kommen; die Christengemeinschaft pflanzt diese Wahrheit selbst fort. Zu dem Vertrauen zu den im Innern des Menschen aufleuchtenden mystischen Kräften bei der Einweihung sollte hinzukommen das Vertrauen zu dem Einen, dem Ur-Initiator. Vergottung haben die Mysten gesucht; sie wollten sie *erleben*. Jesus war vergottet; man muss sich zu ihm halten; dann ist man innerhalb der von ihm gestifteten Gemeinschaft selbst Teilhaber an der Vergottung: das wurde christliche Überzeugung. Was in Jesus vergottet war, ist für seine ganze Gemeinschaft vergottet.»[132]

Christus ist der Ur-Initiator der Menschheit. Einweihung («Vergottung») ist nun eine Erfahrung, die nicht mehr auf einzelne Mysten beschränkt ist, sondern auf eine bestimmte Weise allen Menschen zugutekommen kann. «Jesus war vergottet; man muss sich zu ihm halten; dann ist man *innerhalb der von ihm gestifteten Gemeinschaft selbst Teilhaber an der Vergottung*».

«Wie ein Alp musste es auf Jesu Gemüt gelastet haben, dass unter den Außenstehenden doch viele sein können, die den Weg nicht finden. Die Kluft zwischen Einzuweihenden und ‹Volk› sollte weniger groß sein. Das Christentum sollte ein Mittel sein, durch das jeder den Weg finden konnte. Ist er nicht reif dazu, so ist ihm wenigstens nicht die Möglichkeit abgeschnitten, dass er in einer gewissen Unbewusstheit der Mysterienströmung teilhaftig werde ... Etwas genießen können von den Früchten der Mysterien sollten auch fortan diejenigen, welche nicht an der Einweihung noch teilnehmen können ... Ihm handelte es sich weniger darum, wie weit dieser oder jener im Reiche des Geistes kommt; ihm kam es darauf an, dass *alle* die Überzeugung haben: es gebe ein solches geistiges Reich.»[133]

Es sind ganz neue Wirklichkeiten, die aus den Mysterien nun den «Christen» («man muss sich zu ihm halten; dann ist man innerhalb der von ihm gestifteten Gemeinschaft selbst Teilhaber an der Vergottung») zur Erfahrung werden können – sogar «in einer gewissen Unbewusstheit». Hier liegt die eigentliche Quelle jener «ewig gültigen Theologie», von der Rudolf Steiner sprach im Hinblick auf einen «katholischen Theologen», den er vermisste beim Theologentag in Berlin.

Der Ursprung dessen, was dann später «Theologie» genannt wurde, liegt also in einem geistigen Erlebnis, einer geistigen Erfahrung jenseits alles Verstehens, die dennoch zu einer «Überzeugung» führt. Das liegt in den Worten: «Ihm kam es darauf an, dass *alle* die Überzeugung haben: es gebe ein solches geistiges Reich.» Dieser «Theologie», dieser Überzeugung von der Existenz eines *geistigen Reiches* gibt Rudolf Steiner 1917 zum ersten Mal den Namen «Geistbewusstsein»: «Man sollte sich klar sein darüber, dass Religion in ihrem lebendigen Leben, in ihrem lebendigen Geübtwerden innerhalb der menschlichen Gemeinschaft das Geistbewusstsein der Seele entfacht. Soll dieses Geistbewusstsein im Menschen lebendig werden, so kann der Mensch nicht bei abstrakten Vorstellungen von Gott oder Christus stehen bleiben, sondern er muss immer erneut in der religiösen Übung, in der religiösen Betätigung ... darinnenstehen als in etwas, was ihn als ein religiöses Milieu umgibt, was als ein religiöses Milieu zu ihm spricht.»[134] Nicht durch «abstrakte Vorstellungen von Gott oder Christus» entsteht «Geistbewusstsein», sondern durch «religiöse Übung», durch ein «religiöses Milieu», durch «menschliche Gemeinschaft».

Das ist die Aufgabe des Kultus.

Die geistigen Wurzeln der religiösen Erneuerung im 20.

Jahrhundert können so allmählich anschaubar werden. Der Ursprung von allem ist die – wie dargestellt: «theologische» – Überzeugung, dass «der Quell des Christentums sich seine Voraussetzungen geschaffen hat in den Mysterien der vorchristlichen Zeit.» Dieser Mysterien-Grund hat in den ersten Jahrhunderten der christlichen Zeitrechnung noch weitergewirkt als «ewig gültige Theologie». Das kam dann an sein Ende im 9. Jahrhundert (Konzil von Konstantinopel 869/70) durch die «Abschaffung des Geistes», dem entscheidenden Bruch in der Menschheitsentwicklung nach dem Mysterium von Golgatha, durch den die wachsende Herrschaft des Materialismus eingeleitet worden ist. Damit verbunden ist die wachsende Notwendigkeit einer neuen «geistigen» Philosophie und neuen «geistigen» Theologie, die gegenüber dem Mittelalter (die Philosophie ist die Magd der Theologie) in einem ganz neuen Verhältnis zueinander stehen.

In Bezug auf die heutige Zeit heißt das: Wenn wir die «neue Philosophie» in Verbindung mit der Anthroposophie in der Entwicklung von «Geisterkenntnis» sehen und die «neue Theologie» in der Pflege eines «innigen religiösen Lebens», das zur Entfaltung des «Geistbewusstseins» führt, so macht Rudolf Steiner deutlich, dass es jeweils einen Weg vom einen zum Anderen gibt. Einmal ist »heute die Zeit gekommen, von der wir sagen müssen, dass ein recht religiös empfindender Mensch gerade durch das religiöse Empfinden hingetrieben wird, auch zu erkennen.» Auf der anderen Seite gilt aber auch, dass «Geisteswissenschaft ganz sicherlich eine Stütze der religiösen Erbauung»[135] werden kann. In Bezug auf die religiöse Erneuerung im 20. Jahrhundert muss man sogar sagen, dass die Geisteswissenschaft nicht nur «Stütze», sondern der eigentliche Boden ist. So bestätigt Rudolf Steiner im Blick auf die entstehende Christengemeinschaft, «dass der Kultus und die ihm zugrunde liegende Lehre allerdings durch die Anthroposophie dargereicht werden können, trotzdem die anthroposophische Bewegung die Pflege des geistigen Lebens von anderen Seiten aus als ihre Aufgabe betrachten [muss].»[136]

Diese Periode der Geistverdunklung hat nach 1000 Jahren auf dem Vatikanischen Konzil 1869/70 den Punkt einer gesteigerten «Abschaffung des Geistes» erreicht in Form des Infallibilitäts-Dogmas, wo mit der «Unfehlbarkeit» des Papstes in »geistigen» Fragen, die »Abschaffung des Geistes» eine Kulmination erreicht. Und da zeigen sich die ersten zarten Keime einer religiösen Erneuerung im Entstehen der altkatholischen Kirche, »so etwas von dem vorausnehmend, was sich später in der Christengemeinschaft verwirklichen sollte.» Es war ein altkatholischer Priester, der vom Schicksal bestimmt war, den ersten Kultus – »ausgebildet im Sinne unserer Christengemeinschaft» – zu halten. Dieser zuerst auf Erden wirksam gewordene Kultus – der Bestattungs-Kultus – ist zugleich derjenige, bei dem am dichtesten unter allen kultischen Wortlauten, vom Geist gesprochen wird. Schon das kultische Gebet selber wird intensiv an den «ewigen Geist» gerichtet, der Entschlafene möge «das Geistsein der Geister» erfahren. Und damit verbunden ist auch die Mahnung an Alle, dass der Mensch «dem Geiste verpflichtet» ist für alles, was er auf Erden vollbringt. In der Kultushandlung kann die Durchdringung von Sinneswahrnehmung und geistigem Handeln dem Menschen zur «religiösen Empfindung» werden, die dann zum «Geist-Bewusstsein» führen kann.

«Denn im religiösen Empfinden wird das Geistbewusstsein errungen.»

So zeigt sich als die tiefste Aufgabe der religiösen Erneuerung heute, die «Abschaffung des Geistes» im 9. Jahrhundert zu überwinden durch tätiges Vollbringen des unserer Zeit entsprechenden Kultus, der «das Geistbewusstsein der Seele entfacht». Auf diesem gegenüber der Anthroposophie ganz selbständigen Boden gründet die Christengemeinschaft. Dass dieser Boden sich aber gebildet hat und immer neu bildet, ist zugleich Ausdruck dafür, dass «der Kultus und die ihm zugrunde liegende Lehre» immer neu durch Anthroposophie «dargereicht» werden wollen.

Liste der im Text zitierten
oder erwähnten Literatur

Rudolf F. Gädeke, *Die Gründer der Christengemeinschaft*, Dornach 1992.

Hubert Jedin, *Kleine Konziliengeschichte*, Freiburg 1959.

Christoph Lindenberg, *Rudolf Steiner*, rororo 1992.

Renate Riemeck, *Glaube-Dogma-Macht*, Stuttgart 1985.

Friedrich Rittelmeyer, *Meine Lebensbegegnung mit Rudolf Steiner*, Stuttgart 1983.

Friedrich Wilhelm Joseph Schelling, *Philosophie der Offenbarung*

Arthur Schopenhauer, *Die Welt als Wille und Vorstellung*, Zürich 1981.

Hans-Werner Schroeder, *Die Christengemeinschaft*, Stuttgart 1990.

Rudolf Steiner, *Einleitungen zu Goethes naturwissenschaftlichen Schriften*, GA 1, II. Band (1887).

– *Einleitungen zu Goethes naturwissenschaftlichen Schriften*, GA 1, IV. Band.

– *Grundlinien einer Erkenntnistheorie der Goetheschen Weltanschauung*, GA 2.

– *Philosophie der Freiheit*, GA 4.

– *Die Mystik im Aufgange des neuzeitlichen Geisteslebens ...* GA 7.

– *Das Christentum als mystische Tatsache*, GA 8.

- *Theosophie*, GA 9.
- *Wie erlangt man Erkenntnisse der höheren Welten*, GA 10.
- *Anthroposophische Leitsätze*, GA 26.
- *Mein Lebensgang*, GA 28.
- *Methodische Grundlagen der Anthroposophie 1884-1901*, GA 30.
- *Biografien und biographische Skizzen 1894-1905*, GA 33.
- *Briefe Band I*, GA 38.
- *Briefe Band II*, GA 39.
- *Ursprung und Ziel des Menschen*, GA 53.
- *Die Erkenntnis der Seele und des Geistes*, GA 56.
- *Erneuerungs-Impulse für Kultur und Wissenschaft – Berliner Hochschulkurs*, GA 81.
- *Das Hereinwirken geistiger Wesenheiten in den Menschen*, GA 102.
- *Bausteine zu einer Erkenntnis des Mysteriums von Golgatha*, GA 175.
- *Erdensterben und Weltenleben*, GA 181.
- *Der Tod als Lebenswandlung*, GA 182.
- *Die Brücke zwischen der Weltgeistigkeit und dem Physischen des Menschen*, GA 202.
- *Esoterische Betrachtungen karmischer Zusammenhänge – Zweiter Band*, GA 236.
- *Anthroposophische Gemeinschaftsbildung*, GA 257.
- *Die Konstitution der Allgemeinen Anthroposophischen Gesellschaft*, GA 260a.
- *Zur Geschichte und aus den Inhalten der ersten Abteilung der Esoterischen Schule*, GA 264.
- *Vorträge und Kurse über christlich-religiöses Wirken II*, GA 343.

– *Vorträge und Kurse über christlich-religiöses Wirken* III,
   GA 344.
– *Vorträge und Kurse über christlich-religiöses Wirken* V,
   GA 346.
– *Rhythmen im Kosmos und im Menschenwesen*, GA 350.

Beiträge zur Rudolf Steiner Gesamtausgabe, Nr. 46.
Beiträge zur Rudolf Steiner Gesamtausgabe, Nr. 63, Michaeli 1978
Beiträge zur Rudolf Steiner Gesamtausgabe, Nr. 87, Ostern 1985

O. Weber, «Anthropologie» in *Religion in Geschichte und Gegenwart*, 3. Auflage (1956-1965).
Otto Willman, *Geschichte des Idealismus*, Zweiter Band, Braunschweig 1896.

Anmerkungen

1 *Nachrichtenblatt*, 5. Oktober 1924, wiedergegeben in GA
  260a, Dornach 1966, S. 395 ff.
2 GA 346, 20.9.1924 – *Vorbesprechung*.
3 *Vorträge und Kurse über christlich-religiöses Wirken* II, GA
  343, 27.9.1921, nachmittags.
4 *Mein Lebensgang*, GA 28, Kapitel I.
5 Arthur Schopenhauer (1788-1860): «Die Welt ist meine Vorstellung – dies ist die Wahrheit, welche in Beziehung auf jedes
  lebende und erkennende Wesen gilt.» (*Die Welt als Wille und
  Vorstellung*, Zürich 1981, §1, S. 29).
6 Karl Julius Schröer (1825-1900), Pädagoge, Sprach- und
  Goetheforscher, seit 1867 Professor für Literatur an der Technischen Hochschule in Wien.
7 *Mein Lebensgang*, GA 28, Kapitel III.
8 «Die große Frage, die uns nun seit Wochen beschäftigt, sie ist
  ja, wie wir wiederholt versuchten zu erkennen, die Kardinalfrage der menschlichen Weltanschauung zunächst: Wie hängt
  das Moralische, die moralische Weltordnung zusammen mit
  der physischen Weltordnung?» (*Die Brücke zwischen der
  Weltgeistigkeit und dem Physischen des Menschen*, GA 202,
  18.12.1920).
9 *Mein Lebensgang*, GA 28, Kapitel III.
10 *Beiträge zur Rudolf Steiner Gesamtausgabe* Nr. 63, Michaeli
  1978, S. 6 f.
11 Friedrich Theodor Vischer (1807-1887), Philosoph, Ästhetiker; vgl. *Mein Lebensgang*, GA 28, Kapitel III.
12 *Briefe* Band I, GA 38, Brief Nr. 12.
13 *Anthroposophische Leitsätze*, GA 26, 1. Leitsatz, 17.2.1924.

14 *Briefe* Band I, GA 38, Brief Nr. 13 – an Albert Löger.
15 Joseph Kürschner (1853-1902) lebte von 1881-92 in Stuttgart und gab von 1882-1901 die «Deutsche Nationalliteratur» heraus. Von Herzog Ernst zu Coburg-Gotha zum Professor ernannt.
16 Zur Korrespondenz Kürschner/Schröer/Steiner s. *Beiträge zur Rudolf Steiner Gesamtausgabe* Nr. 46, S. 5 ff.
17 *Mein Lebensgang*, GA 28, Kapitel XII.
18 *Grundlinien einer Erkenntnistheorie der Goetheschen Weltanschauung*, GA 2, Vorrede zur Neuauflage 1923.
19 *Mein Lebensgang*, GA 28, Kap. XVIII.
20 *Einzig mögliche Kritik der atomistischen Begriffe*, Steiner an Vischer am 20. Juni 1882.
21 Goethe, *Naturwissenschaftliche Schriften*, herausgegeben und kommentiert von Rudolf Steiner in Kürschners «Deutsche National-Litteratur», Bd. 1 (1884), «Glückliches Ereignis» / Das erwähnte Gespräch fand vermutlich zwischen dem 20. und 23. Juli 1794 statt.
22 *Einleitungen zu Goethes naturwissenschaftlichen Schriften*, GA 1, II. Band (1887), Kap. VI, «Goethes Erkenntnis-Art».
23 Das Höhlengleichnis von Platon (427-347 v. Chr.) ist das fundamentale Gleichnis der antiken Philosophie. Es zeigt den Weg des Philosophen zu echter Einsicht, von den Schattenbildern in der dunklen Höhle hin zum Licht der Erkenntnis, von den unklaren Vorstellungen der Welt hin zu den wirklichen Ideen hinter der Existenz. Am Anfang des siebten Buches seines Dialogs *Politeía* wird es von seinem Lehrer Sokrates erzählt.
24 *Grundlinien einer Erkenntnistheorie der Goetheschen Weltanschauung*, GA 2, Kapitel 11, «Denken und Wahrnehmung».
25 *Mein Lebensgang*, GA 28, Kap. XVIII.
26 *Einleitungen zu Goethes naturwissenschaftlichen Schriften*, GA 1, IV. Band (1897), Kap. XVII.
27 Goethe, *Faust I*, Studierzimmer 2.
28 *Einleitungen zu Goethes naturwissenschaftlichen Schriften*, GA 1, II. Band (1887), Kap. VI, «Goethes Erkenntnis-Art».
29 *Einleitungen zu Goethes naturwissenschaftlichen Schriften*, GA 1, IV. Band (1897), Kap. XVII.

30 *Vorträge und Kurse über christlich-religiöses Wirken II*, GA 343, 8.10.1921 vormittags.
31 Philipper 2₅₋₈, Übersetzung: Emil Bock.
32 Matthäus 16₁₃₋₁₆, ₁₉, Übersetzung: Elberfelder Bibel 1905 und Münchner NT 1998.
33 *Mein Lebensgang*, GA 28, Kap. XVIII.
34 Matthäus 16₂₁₋₂₃, Übersetzung: Luther 1984.
35 Die Epoche der «Aufklärung», zu der die Goethe-Zeit gehört, kann als geistiges Phänomen für den Beginn dieses materialistischen Zeitaltes gesehen werden.
36 *Mein Lebensgang*, GA 28, Kap. XXII.
37 *Wie erlangt man Erkenntnisse der höheren Welten* (1905), GA 10, Kap. «Leben und Tod. Der große Hüter der Schwelle».
38 Goethe an Lavater, 29. Juli 1782.
39 *Einleitungen zu Goethes naturwissenschaftlichen Schriften*, GA 1, IV. Band (1897), Kap. XVII.
40 *Mein Lebensgang*, GA 28, Kap. XXVI.
41 Johannes 18₃₆.
42 Johannes 16₂₈.
43 Wörtlich: Tut Buße, und jeder von euch lasse sich taufen auf den Namen Jesu Christi zur Vergebung eurer Sünden!
44 Apostelgeschichte 2₃₂ ff.
45 *Briefe* Band II, GA 39, Brief Nr. 266 (an Richard Specht, 30.11.1890).
46 Eduard von Hartmann, 23.2.1842 – 5.6.1906, Berlin, Hauptwerk: *Philosophie des Unbewussten* (Berlin 1869).
47 *Beiträge zur Rudolf Steiner Gesamtausgabe* Nr. 87, Ostern 1985, S. 17 ff.
48 *Philosophie der Freiheit*, GA 4, Kap. IX.
49 Herausgeber und Redakteur des «Magazin für Litteratur» und der «Dramaturgischen Blätter», Zahlreiche Aufsätze zu literarischen und philosophischen Fragen; Theaterkritiken, Buchbesprechungen. Vorträge in der «Freien Literarischen Gesellschaft», im «Giordano Bruno-Bund», bei Gewerkschaftsveranstaltungen und im Literatenkreis «Die Kommenden», dessen Leitung Steiner dann auch übernimmt. Lehrtätigkeit (Geschichte, Redeübungen, Literatur, Naturwissenschaft) an der von Wilhelm Liebknecht begründeten Berliner Arbeiterbildungsschule u.v.m.

50 *Mein Lebensgang*, GA 28, Kap. XXVI.

51 *Biografien und biographische Skizzen 1894-1905*, GA 33, Kap. «Das geistige Leben der Gegenwart» (8.3.1898).

52 *Mein Lebensgang*, GA 28, Kap. XXVI.

53 *Briefe* Band I, GA 38, Brief Nr. 13 – an Albert Löger.

54 *Mein Lebensgang*, GA 28, Kap. XXVI.

55 *Methodische Grundlagen der Anthroposophie 1884-1901*, GA 30, Kap. «Goethe-Studien. Moral und Christentum».

56 Novalis, aus: *Geistliche Lieder* (1799/1800).

57 *Die Mystik im Aufgange des neuzeitlichen Geisteslebens und ihr Verhältnis zu modernen Weltanschauungen*, GA 7.

58 *Mein Lebensgang*, GA 28, Kap. XXVI.

59 *Das Christentum als mystische Tatsache*, GA 8, Vorwort 1910.

60 Jeremiah $31_{31\text{-}32}$.

61 Lukas $22_{19\text{-}20}$.

62 Herbert Hahn, *Von den Quellkräften der Seele*, Arlesheim 1959, S. 20 ff.

63 *Das Christentum als mystische Tatsache*, GA 8, Kap. «Die Evangelien».

64 *Das Christentum als mystische Tatsache*, GA 8, Kap. «Die Apokalypse des Johannes» / «Selig sind, die nicht schauen und doch glauben» – Johannes 20_{29}.

65 Goethe – BA Bd. 1, S. 535.

66 *Das Christentum als mystische Tatsache*, GA 8, Kap. «Die ägyptische Mysterienweisheit».

67 *Vorträge und Kurse über christlich-religiöses Wirken* II, GA 343, 8.10.1921 vormittags, das «Credo».

68 Lukas 19_{10}.

69 *Das Christentum als mystische Tatsache*, GA 8, Kap. «Die Evangelien».

70 *Das Christentum als mystische Tatsache*, GA 8, Kap. «Die ägyptische Mysterienweisheit».

71 *Anthroposophische Gemeinschaftsbildung*, GA 257, 6.2.1923.

72 Ab Oktober 1902 war Rudolf Steiner Generalsekretär der Deutschen Sektion der Theosophischen Gesellschaft.

73 Christoph Lindenberg, *Rudolf Steiner*, rororo 1992, S. 51. In der Wochenschrift *Der Spiegel*, Nr. 46/2002, kann man in dem Nachruf für ihn lesen, dass – und wie – auch Rudolf

Augstein diesen Fragebogen (er «war in den Salons der Vergangenheit ein beliebtes Gesellschaftsspiel») ausgefüllt hat.

74 *Zur Geschichte und aus den Inhalten der ersten Abteilung der Esoterischen Schule 1904-1914*, GA 264, S. 83 (14.9.1904, Brief an Günther Wagner).

75 *Ursprung und Ziel des Menschen*, GA 53, «Die theologische Fakultät und die Theosophie», 11.5.1905.

76 Beilage der Wochenschrift *Das Goetheanum*.

77 *Nachrichtenblatt*, 5. Oktober 1924, wiedergegeben in GA 260a, S. 395 ff.

78 *Vorträge und Kurse über christlich-religiöses Wirken* II, GA 343, 4.10.1921 nachmittags.

79 * 5. Oktober 1872 in Dillingen an der Donau; † 23. März 1938 in Hamburg. Aufgewachsen im fränkischen Schweinfurt. Ab 1890 Studium von evangelischer Theologie und Philosophie in Erlangen und Berlin. Von 1895 bis 1902 Stadtvikar an der neugebauten Johannis-Kirche in Würzburg. 1903 Übernahme der Pfarrstelle des Nachmittagspredigers an der Heilig-Geist-Kirche in Nürnberg. Mit Christian Geyer (1862-1929), dem Hauptprediger der Sebalduskirche, arbeitete Rittelmeyer eng zusammen. Zwei gemeinsame Predigtbände sind daraus entstanden. 1916 wurde Rittelmeyer an die Neue Kirche nach Berlin berufen, wo er als Prediger wirkte. Der Nürnberger Volksschullehrer Michael Bauer hatte Rittelmeyer 1911 eine erste Begegnung mit Rudolf Steiner vermittelt. Auseinandersetzung mit Person und Werk Steiners bewegten ihn in den folgenden Jahren und führten dazu, dass die Gründung der Christengemeinschaft am 16. September 1922 möglich wurde, deren erster Erzoberlenker er war.

80 Friedrich Rittelmeyer, *Meine Lebensbegegnung mit Rudolf Steiner*, Stuttgart 1983, S. 32.

81 Friedrich Rittelmeyer, *Meine Lebensbegegnung mit Rudolf Steiner*, Stuttgart 1983, S. 37.

82 Friedrich Rittelmeyer, *Meine Lebensbegegnung mit Rudolf Steiner*, Stuttgart 1983, S. 35.

83 *Vorträge und Kurse über christlich-religiöses Wirken* II, GA 343, 4.10.1921 nachmittags.

84 «Das Christentum hat begonnen als Religion, aber es ist größer als alle Religionen.» GA 102, 13.5.1908.

85 Eine seiner Veröffentlichungen trug den Titel «Warum bleiben wir in der Kirche?».

86 Friedrich Rittelmeyer, *Meine Lebensbegegnung mit Rudolf Steiner*, Stuttgart 1983, S. 54.

87 *Bausteine zu einer Erkenntnis des Mysteriums von Golgatha*, GA 175, 20.2.1917.

88 Friedrich Rittelmeyer, *Meine Lebensbegegnung mit Rudolf Steiner*, Stuttgart 1983, S. 95.

89 *Ein Beispiel*: «Die Kirche kann, wenn sie sich selber richtig versteht, nur die eine Absicht haben, sich unnötig zu machen auf dem physischen Plane.» GA 182, 9.10.1918.

90 Hans-Werner Schroeder, *Die Christengemeinschaft*, Stuttgart 1990; Rudolf F. Gädeke, *Die Gründer der Christengemeinschaft*, Dornach 1992.

91 *Die Konstitution der Allgemeinen Anthroposophischen Gesellschaft und der Freien Hochschule für Geisteswissenschaft*, GA 260a, Nachrichtenblatt 5.10.1924.

92 *Vorträge und Kurse über christlich-religiöses Wirken* III, GA 344, 6.9.1922.

93 Friedrich Rittelmeyer, *Meine Lebensbegegnung mit Rudolf Steiner*, Stuttgart 1983, S. 83.

94 *Mein Lebensgang*, GA 28, Kapitel XXVI.

95 *Einleitungen zu Goethes naturwissenschaftlichen Schriften*, GA 1, II. Band (1887), Kap. VI. «Goethes Erkenntnis-Art».

96 *Das Christentum als mystische Tatsache*, GA 8, Kap. «Die ägyptische Mysterienweisheit».

97 In der Zeit des Urchristentums war die Beziehung zu Christus eine persönliche Erfahrung, wie sie in den Evangelien auf verschiedene Weise immer wieder beschrieben wird. «Kirche» war die Gemeinschaft derer, die diese Erfahrung machten. Als es immer weniger deutlich war, was als Erfahrung dieser Art gelten könne, begann die Zeit der «dogmatischen Definitionen» durch die Konzile. Das erste Konzil, das entsprechende Glaubensdefinitionen formulierte, war das Konzil von Nicäa 325. Dieses Datum kann zugleich auch als «Ende des Urchristentums» verstanden werden.

98 Friedrich Rittelmeyer, *Meine Lebensbegegnung mit Rudolf Steiner*, Stuttgart 1983, S. 14.

99 Friedrich Rittelmeyer, *Meine Lebensbegegnung mit Rudolf Steiner*, Stuttgart 1983, S. 54.

100 Friedrich Rittelmeyer, *Meine Lebensbegegnung mit Rudolf Steiner*, Stuttgart 1983, S. 95.

101 *Bausteine zu einer Erkenntnis des Mysteriums von Golgatha*, GA 175, 20.2.1917.

102 Rudolf F. Gädeke, *Die Gründer der Christengemeinschaft*, Dornach 1992, S. 54.

103 Michael Debus, Monatsschrift *Die Christengemeinschaft*, Nr. 12 / 2002. Für diesen Band leicht bearbeitete Fassung.

104 *Was in der Anthroposophischen Gesellschaft vorgeht, Nachrichten für deren Mitglieder*, Nr. 47, 22. November 1925.

105 *Der Katholik*, Nr.4 / Jg.1925, 24.1.1925.

106 Die altkatholische beziehungsweise – in der Schweiz – christkatholische Kirche löste sich von der römisch-katholischen Kirche als Reaktion auf das 1. Vatikanische Konzil 1869/70, auf dem die Unfehlbarkeit des Papstes in Lehrentscheidungen als Dogma verkündet wurde. Sie pflegt weiterhin den Kultus, aber zugleich verbunden mit einer großen Freiheitlichkeit, auch in Glaubensfragen. Von Anfang an wurde auch das Zelebrieren des Kultus in der Landessprache gepflegt.

107 *Esoterische Betrachtungen karmischer Zusammenhänge – Zweiter Band*, GA 236, 27.6.1924.

108 1. Februar 1920: Erste Sonntagshandlung in der Waldorfschule in Stuttgart, gehalten von Herbert Hahn.

109 *Christkatholischer Hauskalender 1926*.

110 *Erdensterben und Weltenleben*, GA 181, 5.2.1918.

111 *Vorträge und Kurse über christlich-religiöses Wirken V*, GA 346, 20.9.1924.

112 Nach seinem Erleben des christkatholischen Rituals einige Zeit vorher fand Rudolf Steiner, da müsse eigentlich *etwas Neues* entstehen.

113 *Vorträge und Kurse über christlich-religiöses Wirken V*, GA 346, 20.9.1924.

114 Friedrich Wilhelm Joseph Schelling, (1775-1854), *Philosophie der Offenbarung*, 37. Vorlesung.

115 Hans-Werner Schroeder, *Die Christengemeinschaft*, Stutt-gart 2001, S. 25 f.

116 Friedrich Rittelmeyer, *Meine Lebensbegegnung mit Rudolf Steiner*, Stuttgart 1983, S. 144 ff.

117 *Erneuerungs-Impulse für Kultur und Wissenschaft – Berliner Hochschulkurs*, GA 81, 18.3.1922

118 Renate Riemeck, *Glaube – Dogma – Macht*, Stuttgart 1985, S. 85-103.

119 *Die Erkenntnis der Seele und des Geistes*, GA 56, 24.10. 1907.

120 Hubert Jedin, *Kleine Konziliengeschichte*, Freiburg 1959, S. 36 f.

121 Otto Willman, *Geschichte des Idealismus*, Zweiter Band, Braunschweig 1896, S. 111.

122 O. Weber, «Anthropologie» in *Religion in Geschichte und Gegenwart*, 3. Auflage (1956-1965), Band 1, S. 415 ff.

123 Petrus Damiani (um 1006-1072), italienischen Bischof und Kirchenlehrer.

124 Die etwas ironische Bemerkung eines Professors zu diesem Thema war einmal: Der mittelalterliche Mensch besteht aus Leib, Seele und Kirche.

125 Arthur Schopenhauer (1788-1860): «Die Welt ist meine Vor-stellung – dies ist die Wahrheit, welche in Beziehung auf jedes lebende und erkennende Wesen gilt.» (*Die Welt als Wille und Vorstellung*, Zürich 1981, § 1, S. 29).

126 Karl Popper (1902-1994) österreichisch-britischer Philosoph, wichtige Arbeiten zur Wissenschaftstheorie.

127 *Rhythmen im Kosmos und im Menschenwesen*, GA 350, 25.7.1923.

128 *Theosophie*, GA 9, Kap. «Das Wesen des Menschen».

129 *Briefe* Band I, GA 38, Brief Nr. 13 an Albert Löger, S. 49.

130 *Vorträge und Kurse über christlich-religiöses Wirken* III, GA 344, 6. September 1922.

131 *Bausteine zu einer Erkenntnis des Mysteriums von Golgatha*, GA 175, 20. Februar 1917.

132 *Das Christentum als mystische Tatsache*, GA 8, Kap. «Die ägyptische Mysterienweisheit».

133 *Das Christentum als mystische Tatsache*, GA 8, Kap. «Die Evangelien».

134 *Bausteine zu einer Erkenntnis des Mysteriums von Golgatha,*
     GA 175, 20.2.1917.
135 *Bausteine zu einer Erkenntnis des Mysteriums von Golgatha,*
     GA 175, 20.2.1917.
136 GA 260a, *Die Konstitution der Allgemeinen Anthroposophi-*
     schen Gesellschaft, Dornach 1966, S. 397 *(Nachrichtenblatt*
     vom 5.10.1924).

Michael Debus

MARIA-SOPHIA

Das Element des Weiblichen im
Werden der Menschheit
Gebunden mit Schutzumschlag,
208 Seiten

Die geistesgeschichtliche Untersuchung, die Michael Debus
in seinem Buch über Maria-Sophia vornimmt, verknüpft die
Frage nach der Zukunft des Menschen mit der Frage nach
seinem göttlichen Ursprung. Dabei schließt sich auf erstaun-
liche Weise ein Kreis, denn das, was im Ursprung zur Schöpfung des Menschen geführt hat, die göttliche Sophia, stellt
sich heute als der Ursprung des Schöpferischen im Menschen,
als die menschliche Sophia, dar. Dabei werden die wichtigsten Quellen, die Weisheitsbücher des Alten Testaments, die
vier Evangelien, die Schriften der Kirchenväter, der ortho-
doxen Kirche sowie der christlichen Mystik und russischer
Religionsphilosophie in genialer Weise eingearbeitet.

«Sehr viel mehr als nur ‹ein Fragment›, sondern ein mate-
rialreiches, neue Einblicke eröffnendes Buch, von dessen
anschaulicher Darstellung wertvolle Denkanstöße ausgehen
können.»

Gerhard Wehr, Die Drei

Verlag Freies Geistesleben